Der Fotograf Reinhard Matz reiste zwischen 1987 und 1992 durch Europa, besuchte die Orte, die sogenannte Stammlager des nationalsozialistischen KZ-Systems gewesen sind. Ortsnamen, bei deren Erwähnung man Bilder des Schreckens assoziiert. Dachau, Buchenwald, Auschwitz – eine Topografie des Terrors. An den Tatorten der Naziverbrechen jedoch ist das Grauen unsichtbar geworden. Die Fotos von Reinhard Matz zeigen, was dort zu sehen ist: Konzentrationslager als Gedenkstätten. Zufällig übriggebliebene oder mühsam vor dem Verfall bewahrte Spuren. Museen, Dokumentationen, Denkmäler. Zeugnisse ernsthafter Bemühungen, des guten Willens oder der Unbelehrbarkeit, Hilflosigkeit gegenüber der Monstrosität des historischen Geschehens.

Andrzej Szczypiorski (Polen), James Young (USA) und Hanno Loewy (Bundesrepublik Deutschland) schrieben Essays für dieses Buch, die sich aus unterschiedlichen, zum Teil sehr persönlichen Perspektiven mit dem Phänomen des «Verschwindens der Vergangenheit im Gedenken» auseinandersetzen.
Heute sind die Konzentrationslager Gedenkstätten und Museen. Am Ende des Buchs befindet sich eine von Jochen Spielmann zusammengestellte dokumentarische Übersicht, die über die Geschichte der Lager und den gegenwärtigen Zustand vor Ort informiert.

Zu den Autoren siehe S. 206f.

Reinhard Matz

Die unsichtbaren Lager

Das Verschwinden der Vergangenheit im Gedenken

Mit Texten von
Andrzej Szczypiorski,
James E. Young,
Hanno Loewy,
Jochen Spielmann

rororo
Rowohlt

Klaus Staemmler übersetzte den Text von Andrzej Szczypiorski
aus dem Polnischen, Christa Schuenke übertrug den Text von
James E. Young aus dem Englischen.

Die Erarbeitung der Fotografien wurde vom
Kunstfonds Bonn unterstützt.

Schriftenreihe der Arbeitsstelle zur Vorbereitung des
Frankfurter Lern- und Dokumentationszentrums des Holocaust, Band 6
Stadt Frankfurt am Main, Dezernat für Kultur und Freizeit

6.–8. Tausend April 1994

Originalausgabe
Veröffentlicht im Rowohlt Taschenbuch Verlag GmbH,
Reinbek bei Hamburg, Juni 1993

Umschlaggestaltung Nina Rothfos unter Verwendung
eines Fotos von Reinhard Matz
Satz Bembo PostScript Linotype Library
Quark XPress 3.1 (Linotronic 500)
Gesamtherstellung Clausen & Bosse, Leck
Printed in Germany
2990-ISBN 3 499 19388 4

Inhalt

Für Janet und Thorsten, unbekannterweise

«Dieser ganze Mordapparat, wenngleich hochmodern in seiner technischen Ausführung, machte irgendwie den Eindruck des Unwirklichen, Phantastischen oder doch Historisch-Distanzierten. (...) Nicht weit von der museumhaft erhaltenen Prügelstube sitzen sie hinter Stacheldraht, die Folterknechte der Neuen Ordnung (...).»

(Klaus Mann, der das Konzentrationslager Dachau nach dessen Befreiung vom 29. April am 11. Mai 1945 besucht hatte, in: Der Wendepunkt, 1952 posthum)

«‹Nichts hast Du in Hiroshima gesehen, gar nichts.›
‹Alles habe ich gesehen. Alles (...)
Die Nachbildungen sind so zuverlässig wie nur möglich hergestellt worden. Die Filme sind so zuverlässig wie nur möglich gedreht worden. Die Illusion, wozu noch lange darüber reden, ist derart vollkommen, daß die Touristen weinen. (...) Hunde sind fotografisch festgehalten worden. Auf immer. Ich habe sie gesehen. Ich habe die Tagesschauen gesehen. Habe sie gesehen.
Die vom ersten Tag. Die vom zweiten Tag. Die vom dritten Tag.›
‹Nichts hast Du gesehen, gar nichts.›»

(Marguerite Duras: *Hiroshima mon amour*, 1960)

«Je mehr wir, um analysieren zu können, den Nationalsozialismus, die Gaskammern zum Gegenstand genauester Untersuchungen gemacht haben, desto weniger faßbar sind sie geworden.»

(Jean Baudrillard: *Zu spät!*, ‹Die Zeit› vom 5. 2. 1988)

Die unsichtbaren Lager 8

Die Fotos auf den Seiten 7–10 entstanden in Treblinka, Neuengamme und Weserbork

Andrzej Szczypiorski

Kampf wider die Dummheit

Vor über dreißig Jahren besuchte John Steinbeck Polen. Ich nahm an einem Gespräch mit diesem bedeutenden Schriftsteller gegen Ende seines Aufenthalts teil. Dort stellte jemand Steinbeck die Frage, ob er auf seiner Reise durch unser Land auch Auschwitz aufgesucht habe. Er antwortete, er erliege nie den Einflüsterungen jener ungesunden Neugier, die für schwache Menschen charakteristisch sei. «Wenn ich einen Verkehrsunfall sehe, halte ich meinen Wagen nicht an. Auschwitz war so ein Verkehrsunfall der Geschichte von gigantischem Ausmaß», sagte er.

Viele der anwesenden polnischen Schriftsteller verließen den Saal. Erst da begriff Steinbeck, daß bestimmte Formulierungen für die Menschen in Polen nicht akzeptabel waren.

Möglicherweise wären sie heute akzeptabel. Schließlich sind seit Kriegsende fast fünfzig Jahre vergangen, die Generation der Augenzeugen ist abgetreten, und die Übriggebliebenen sind sehr alt. Alten Leuten hört man nicht mit hinreichender Aufmerksamkeit und mit Interesse zu. Alten Leuten schenkt man oft nicht einmal Glauben, weil ihre Erinnerung trügt, Einzelheiten ihrer Berichte einander oft widersprechen und zudem die Erfahrung lehrt, daß Alte bitter sind und deshalb der Welt mancherlei Vorwürfe machen.

Auf der europäischen Bühne erschien kürzlich David Irving; vor zwanzig Jahren wäre das nicht möglich gewesen, weil damals die Augenzeugen von Auschwitz, Sachsenhausen und Buchenwald, die Augenzeugen des Holocaust, der Zerstörung Warschaus, Rotterdams und Coventrys, aber auch Dresdens und Berlins, noch die statistische Mehrheit der Bewohner Europas bildeten und weil damals die Menschen im allgemeinen noch etwas bewußter waren.

Schon ziemlich lange bin ich der Meinung, daß einer der Gradmesser für die gegenwärtige Verdummung der Menschen das Ausmaß ihres Nichtwissens über den Zweiten Weltkrieg ist. Es geht mir hier keineswegs um die Achtung, die den Opfern Hitlers zusteht. Sondern ich meine das Bewußtsein, daß die Menschen zu solchen Handlungen fähig sind, wie ganze Völker in Öfen zu verbrennen, und das im Namen eines nationalistischen oder rassistischen ideologischen Wahns.

Das Nichtwissen um die Kriegsgeschehnisse bedeutet also ein Nichtwissen um die menschliche Natur. Ein Mensch, der nie von Auschwitz gehört oder zwar gehört, aber es nicht geglaubt hat, kennt sich selber nicht und weiß wenig über seine eigenen Möglichkeiten, Böses zu tun.

Ich bin der Meinung, das Wissen um Europas schreckliche Vergangenheit sollte ein moralisches Gebot sein für jeden, der sich selbst achtet und die eigene Menschlichkeit vertiefen möchte. Doch ist diese Meinung bestimmt nicht allgemein verbreitet, mehr noch, seit einigen, ja seit vielen Jahren fühle ich mich in diesem Punkt immer einsamer und habe sogar aufgehört, mich darüber zu wundern. Die Menschen sind im allgemeinen bequem und im allgemeinen recht schwach, sie schätzen es deshalb nicht, allzuviel über ihre eigenen Geheimnisse zu wissen. Letzten Endes ist es angenehmer, in Unwissenheit zu schlafen, als infolge übermäßigen Selbstbewußtseins an Schlaflosigkeit zu leiden. Die Welt verändert sich, die Menschen haben heute andere Schwierigkeiten und Probleme als früher, die moderne Zivilisation bietet ihnen neue Annehmlichkeiten und Sorgen, von denen die armen Juden, die Hitler vergaste und verbrannte, keine Ahnung hatten. Heute erscheinen die Freuden und Mühen jener Juden den gut gekleideten und genährten Bewohnern der modernen Utopie, die gemeinhin Überflußgesellschaft heißt und in Wahrheit ein Land überzähliger Dinge und mangelnden Nachdenkens ist, wahrlich exotisch und erstaunlich.

Denn nur in einer Welt mangelnden Nachdenkens, in einer Welt ohne philosophische Bezüge zum Leben konnten solche intellektuellen Ungeheuerlichkeiten entstehen wie die Behauptung, es habe Auschwitz nie gegeben und der Holocaust sei eine Erfindung jüdischer Verschwörer, die – immer noch wie seit Jahrhunderten – die Weltherrschaft anstreben.

Denn nur in einer Welt mangelnden Nachdenkens konnten auf der öffentlichen Bühne Bewegungen der radikalen Rechten entstehen und sich festigen, nationalistische, rassistische, intolerante, fremdenfeindliche, antichristliche, weil gegen die Freiheit und die geistige Integrität des Nächsten gerichtete Bewegungen. Ein großer Dichter hat geschrieben: «Wenn die Vernunft schläft, erwachen die Gespenster.» Zunächst sind das dumme und klägliche Teufel, bewaffnet mit Steinen und Molotowcocktails. Später erscheinen auf den Straßen die gut organisierten und bereits uniformierten Abteilungen fanatischer Anhänger der Stärke und der Einheit. Am Ende beginnt Auschwitz zu arbeiten.

Die lautstarken Anfänge stammen nicht aus der Hölle, sondern aus menschlichen Hirnen und Herzen. Es mangelt ihnen nicht an bestimmten sozialen, ja sogar moralischen Begründungen. Das Gefühl der Enttäuschung, die Überzeugung, im öffentlichen Leben herrsche schmutzige Manipulation, Fälschung und Lüge seien in den politischen Beziehungen etwas Normales – dieser Geisteszustand bereitet den Boden für extreme Anschauungen. Von links wie von rechts. Bei meiner Erfahrung und in meiner Erinnerung bemerke ich keinen wesentlichen Unterschied zwischen Hitler und Stalin, Himmler und Berija, Auschwitz und dem Archipel Gulag.

Es trifft mangelnde Vernunft auf ein Übermaß an blinder Bosheit, der Hochmut der Dummen auf die demutsvolle Ratlosigkeit der Klugen. Im Grunde sind gerade die Klugen schuld, denn die Dummen werden immer dumm bleiben, man kann ihnen schwerlich Vorwürfe machen. David Irving hatte das Recht, seinen Unsinn herauszuplappern, ganz im Sinn des alten polnischen Sprichworts übrigens, das besagt, wen Gott strafen wolle, dem nehme er den Verstand. Die politische und moralische Verantwortung dagegen fällt den Klugen zu, die Irvings Dummheiten verbreiten, seine Ausführungen ernst nehmen, ja sogar mit ihm zu polemisieren versuchen, als hätte das irgendeinen Sinn. Ist jemand überzeugt, zwei und zwei seien fünf oder acht, sollte man ihn in Ruhe lassen. Es lohnt nicht, ihn zu überzeugen, er irre sich, zwei und zwei sei vier, weil es keine vernünftigen Gründe gibt, die einem Kopf ohne Vernunft einleuchten.

Die menschliche Vernunft ist zwar begrenzt, jedoch nicht so sehr, daß sie dem Offensichtlichen widerspricht. Offensichtlich in der Geschichte Europas des 20. Jahrhunderts sind die nationalsozialistischen Konzentrationslager. Noch leben Menschen, die Gefangene dieser Lager waren, noch leben auch einige Täter. Geblieben sind Tonnen von Dokumenten, geblieben sind auch die Steine. Dieses Buch über die «unsichtbaren Lager» dokumentiert das für mich Offensichtliche, eine Realität, die für mich Teil meines eigenen Lebens ist. Ähnlich geht es übrigens Millionen von Europäern, die in den Lagern umkamen oder von deren Existenz sehr wohl wußten. Selbstverständlich gibt es heute nicht mehr viele Augenzeugen, denn die Zeit vergeht, und die Menschen sterben, damit die nachfolgenden Generationen ihre eigene Historie schaffen können.

In meinem Land hat man die Existenz der KZ nie bezweifelt und tut das bis heute nicht, weil Polen der größte Friedhof der Zivilisation ist. In Polen genügt es, den Kopf aus dem Fenster des eigenen Hauses zu strecken, um in Blickweite den Ort einer Hinrichtung zu sehen oder ein Grab, wo Opfer der Totalitarismen unseres Jahrhunderts beerdigt liegen. In dieser Hinsicht ist Polen ein Land wachsamer Erinnerung, und die Polen schreien sogar im Schlaf immer dieselben Warnungen heraus. Manchmal ohne Ergebnis.

Aber ich verstehe das. Die Menschen möchten heiter leben und sich den Kopf nicht vollstopfen mit dem Unglück, das anderen widerfahren ist, und noch dazu vor einem halben Jahrhundert. Immerhin hat jeder seine eigenen Sorgen.

Insofern stellt dieser Bildband, ein Werk der Kunst und zugleich voll der Unruhe des menschlichen Gewissens, vielleicht eine Taktlosigkeit dar. Statt sich der Strömung unserer blendenden Gegenwart einzufügen, bemüht sich der mit einer Kamera bewaffnete Künstler, die Spuren der Gespenster zu finden, und findet sie. Auf diese Weise will er die Menschen zu selbständigem Denken über sich selbst veranlassen, für viele eine unerfreuliche Beschäftigung, von der sie sich zu drücken vorziehen.

Wir haben es hier also mit einer Kampfansage zu tun: des Denkens wider die Gedankenlosigkeit, der Klugheit wider die Dummheit, des Gewissens wider die Gemeinheit.

Originaltitel: Wyzwanie rzucone głupocie
Aus dem Polnischen von Klaus Staemmler

James E. Young

Das Erinnern und die Rhetorik des Fotos – Reinhard Matz

Bei einem Familientreffen zeigten meine Frau und ich Fotos von unserer Reise zu polnischen Gedenkstätten: Bilder von Warschau und Treblinka, Lublin und Krakau, und zwischendurch immer wieder malerische Dörfer. Schließlich waren wir als Erinnerungstouristen dorthin gefahren, bewaffnet mit Kameras, die die Erinnerungen an diese Reise für uns festhalten sollten. Irgendwo nach Krakau war die Schwester meiner Frau kurz aus dem Zimmer gegangen, und als sie wiederkam, machte gerade eine Aufnahme die Runde, auf der meine Frau ein wenig verloren unter strahlendem Himmel auf einer zu beiden Seiten von großen, dichtbelaubten Bäumen und eigentümlichen roten Klinkerbauten gesäumten Kiesstraße stand. «Ein hübsches Fleckchen!» sagte meine Schwägerin. «Ist das das Hotel, in dem ihr gewohnt habt?» – «Das ist Auschwitz, Gayle», antwortete meine Frau mit einem Seitenblick auf ihre Schwester. «Trotzdem ist es ein hübsches Fleckchen», beharrte meine Schwägerin. Als wir das Foto daraufhin mit ihren Augen betrachteten, mußten wir ihr recht geben.

Hatte ich als Erinnerungstourist wirklich nur unsere Reise dokumentiert, oder hatte ich nicht auch ein wenig das Ziel gehabt, bei unseren Verwandten Neid zu wecken, den Wunsch, selbst dort gewesen zu sein? War ich nur da, um sie an die Zeit des Massenmords zu erinnern, oder wollte ich nicht auch zeigen, wie schön und angenehm unser Erinnerungsurlaub war? Würden diese Bilder eines Tages in unseren Fotoalben kleben, gleichrangig mit all den anderen Schnappschüssen von unseren Ferienreisen, zwischen alten Eintrittskarten und anderen Memorabilien, die wir unter der Rubrik «Urlaubserinnerungen» gesammelt hatten?

Der Fotograf Matz hat für diese kleine Krise des Bewußtseins, das grundsätzliche Dilemma des Erinnerungstouristen gewiß Verständnis. Denn seine Fotos lassen erkennen, daß er die Mahnung Benjamins beherzigt hat, der über die Fotografie sagte, sie verkläre alles, was sie darstelle, und sei es noch so entsetzlich, und verwandle es in einen Gegenstand des Genusses. Matz will den Betrachter mit der Wirklichkeit solcher Stätten des Erinnerns konfrontieren. Zugleich weiß er, daß das

Foto, das ja die Wirklichkeit zwangsläufig in Licht und Form, Linien und Strukturen verwandelt, uns im Grunde vor der Wirklichkeit schützt, die es uns zu liefern vorgibt. Mehr noch, es abstrahiert und formalisiert die Wirklichkeit und entleert so den Schauplatz seines Inhalts. Damit fordert jedes Foto uns stets auf, aktiv zu interpretieren, uns einzumischen, es mit Erinnerung und Bedeutung anzureichern. Denn wenn diese Fotos unkommentiert bleiben, reicht ihre Bedeutung kaum hinaus über das Pathos, das das ihnen innewohnende Gefühl von Wirklichkeit vermittelt. Matz, bei dem sich ein erfrischend selbstreflektierender, ja sogar ironischer Blick und unbestreitbare technische Meisterschaft die Waage halten, gelingt es, dem Erinnern an das Konzentrationslager Form zu geben und zugleich unsere Beziehung dazu zu problematisieren. Seine Fotos fangen ein, wie jenes Erinnern aufgespürt wird, und sie zeigen zugleich, wie schwierig es ist, diese Spurensuche durch das fotografierte Bild für andere nachvollziehbar zu machen. Sie weisen uns darauf hin, daß unsere Sicht auf diese Stätten davon abhängt, wer sie für uns sieht. Der Fotograf kann den Ort formalisieren oder abstrahieren; er kann ihn verschönern oder verhäßlichen. Er kann ihn mit Menschen beleben oder ihn als jeglichen Lebens beraubt darstellen, als formales Bild aus Linien, Halbtönen und Schatten. In jedem Fall eignet er ihn sich an in dem Bewußtsein, daß seine Fotos für ihn letztlich alle subjektiven Erinnerungen an den jeweiligen Ort verdrängen werden, obschon sie für andere Betrachter die einzige Berührung mit jenem Ort darstellen, die diese jemals haben werden.

Wir erkennen, daß es Matz nicht einfach an diese Orte verschlagen hat, sondern daß er sie suchen mußte: Sie machen den Betrachter zu einem Erinnerungstouristen aus zweiter Hand, dessen Distanz zu den Ereignissen, auf die die Fotos verweisen, nunmehr eine doppelte ist. Und wie jede Erfahrung aus zweiter Hand gibt auch diese uns das Gefühl, dort gewesen zu sein, ohne Rechenschaft darüber ablegen zu müssen. Matz setzt uns hinter das Lenkrad des Wagens auf der Autobahn unmittelbar vor der Ausfahrt nach Bergen-Belsen. Er zeigt uns die Parkplätze der KZ-Gedenkstätten, die voll sind von Urlauberautos und Wohnmobilen, die Eiswaffeln, die es draußen zu kaufen gibt, die Souvenirstände. Doch wo sind die Menschen? Diese Fotos sind menschenleer. Wenn wir merken, daß wir selbst die einzigen Menschen darauf sind, daß wir diejenigen sind, die hinter dem Steuer sitzen, die Leute in den Wohnmobilen, diejenigen, die darauf warten, daß der Souvenirverkäufer zurückkommt, ist es fast schon zu spät, sich umzuschauen.

Tatsächlich sind all diese Fotos unbevölkert, abgesehen von dem Fotografen und nun auch von uns selbst. Blank und kalt auch die Gegenstände, die in Sachsenhausen ausgestellt sind, ein unberührter gedeckter Tisch, Kulisse, die auf einen abwesenden Gast hinzuweisen scheint. Andere Fotos sind genauso still und ruhig, von keinem Laut, keiner Bewegung gestört. Sie sind beharrlich präsent und taktil: der rostige Stacheldraht, das rauhe Gras, der Kies und die Steine. Menschen sind nicht zu sehen, nur ihre Artefakte, die Embleme ihrer Abwesenheit: ein leerer Kindersportwagen am Eingang einer Gaskammer in Natzweiler; ein Abfallbehälter mit dem Piktogramm eines Menschen, der Abfall hineinwirft. Und weil andere Menschen nicht da sind, verlangen die Fotos unsere eigene Präsenz: Jetzt sind wir es, die diese Orte bevölkern.

Und ebenso verlangen die Fotos nach unserer Stimme, unseren Bildtiteln, die nötig sind, um sie mit Bedeutung zu erfüllen. Fotografierte Schauplätze an sich vermitteln keine Erinnerung; sie schweigen, sind ohne Leben. Sie brauchen die Bildtitel des Fotografen, die Worte des Betrachters, ohne die sie bedeutungslos bleiben. Es ist mithin die Rhetorik des Fotos, die uns die des musealen Artefakts selbst, ja sogar die des Schauplatzes ins Gedächtnis ruft. So daß Artefakt und Örtlichkeit uns den Eindruck vermitteln, Überreste der Objekte und Ereignisse zu sein, die sie darstellen. Daraus bezieht die Fotografie ihre Macht, und dies ist zugleich ihre Lüge: denn sosehr sie auch behauptet, daß sie uns durch die scheinbar metonymische Spur ihres Gegenstandes bewegt, mehr noch, daß wir das Foto mit dem, was es darstellt, verwechseln, so vermag sie uns doch nicht mehr zu liefern als jenes glänzende Abbild auf Papier.

Aber wir dürfen die Macht der Fotografie nicht unterschätzen. Man denke nur daran, daß selbst Susan Sontag und Roland Barthes bei ihren Versuchen zu beweisen, daß die Fotografie ihrem Wesen nach konstruiert ist, nahe daran waren, sich von der Eindringlichkeit überwältigen zu lassen, mit der das Foto rhetorisch seine Realität behauptet. «In der Photographie», sagte Barthes, «läßt sich nicht leugnen, daß *die Sache dagewesen* ist.»[1] Ein Eingeständnis, mit dem Barthes beinahe wortwörtlich wiederholt, was vor und nach ihm immer wieder auch von Rudolf Arnheim, Susan Sontag und anderen festgestellt worden ist.[2] Gerade weil das Foto, wie Sontag es ausdrückt, nicht nur ein Bild ist, sondern immer auch «Interpretation, Aufzeichnung einer Emanation (Lichtwellen, die von Gegenständen reflektiert werden)» und damit zugleich «eine Spur, etwas wie eine Schablone der Wirklichkeit, wie ein Fußabdruck oder eine Totenmaske»[3], können wir diese Fotos von Gedenkstätten gleichsam als materiale Spuren der Lager selbst ansehen. Für spätere Betrachter ähneln sie in gewisser Weise dem verkohlten Klinker oder dem rostigen Löffel, den Souvenirjäger aus Birkenau mitnehmen.

Auf welche Weise aber bringen uns nun diese Fotos die Orte des Erinnerns nahe? Der detailbesessene Blick des Fotografen Reinhard Matz weist uns sowohl auf dessen neugierig-bewußte Sicht auf seine eigene Arbeit als auch auf die Gegenstände seiner Neugier hin. Die Abwesenheit der Opfer auf dem fotografischen Abbild ist es, durch die an die Opfer erinnert wird; ein unkrautüberwucherter Parkplatz oder ein altersschwaches Gebäude macht die Zeit zwischen damals und heute faßbar. Auf einem in der Mitte durch einen Zaunpfahl geteilten Foto von Birkenau ist unsere Sicht teilweise behindert, und wir merken, daß es uns nicht möglich ist, hinter diesem Pfahl hervorzutreten, um besser sehen zu können. Der Fotograf stellt seinen eigenen Blickwinkel in Frage, doch gleichzeitig behauptet er diesen Blickwinkel und erinnert uns daran, daß das Auge hinter dem Objektiv immer noch das seine ist, nicht unseres.

Solche Fotos zwingen den Betrachter dazu, die Faszination zu hinterfragen, die der Ort des Erinnerns auf ihn ausübt: Was tun wir hier – hinter diesem Pfahl, auf diesem KZ-Parkplatz, vor der Tür zu jener Gaskammer? Und warum sind wir allein hier? Fotografien von stillen Orten sind allemal trügerisch. Denn sie verschleiern die stürmische Geschichte, die sich hier zugetragen hat. Sie machen uns glauben, daß der Ort mitverantwortlich sei für sein Schweigen, sind gleichsam das Echo dieses Schweigens. Und wie diese Fotos jenen Orten ihr Schweigen geradezu vorwerfen, so werfen sie auch uns unser Schweigen vor. In jedem Falle aber bedürfen sie, um vollkommen zu werden, unseres Reagierens, unserer Interpretation, unseres Erinnerns. Und so ziehen solche Fotos die Grenze zwischen den beiden Rollen, die wir in der Geschichte einnehmen können: der des Zuschauers und der des Handelnden. Wie wir im Angesicht dieser Fotos auf unsere gegenwärtige Welt reagieren, auf die heutigen Verbrechen gegen Ausländer, auf das Blutvergießen unserer Tage, das entscheidet darüber, auf welcher Seite dieser Grenze wir uns in letzter Instanz ansiedeln wollen.

Originaltitel: Reinhard Matz: Memory and the Rhetoric of the Photograph
Aus dem Englischen von Christa Schuenke

Anmerkungen

1. Roland Barthes, *Die helle Kammer. Bemerkung zur Photographie.* Frankfurt am Main 1986, S. 86.
2. «(Auf Fotos) hinterlassen die physikalischen Objekte selbst mittels der optischen und chemischen Aktionen des Lichts ihre Abbilder», schreibt Arnheim. Siehe «On the Nature of Photography», in: *Critical Inquiry 1*, September 1975, S. 155.
   Joel Snyder und Neil Walsh Allen haben darauf hingewiesen, daß es in der Fotografie «bestimmte zwangsläufige Verbindungen zwischen dem Foto und seinem ‹lebensechten› Original (gibt), die in den traditionellen Künsten einfach nicht existieren (und möglicherweise auch gar nicht existieren können)», in: *Critical Inquiry 1*, September 1975, S. 145.
3. Susan Sontag, *Über Fotografie.* Frankfurt am Main 1989, S. 147.

Hanno Loewy

Erinnerungen an Sichtbares und Unsichtbares

Vor den Haaren von Auschwitz steht der Besucher lange, wenn man ihn läßt, wenn die Führung ihn nicht weiterschiebt. Der Besucher glaubt sich unbeobachtet. Er drückt seine Nase an die Scheibe der Vitrine, die ihn von den Haaren trennt. Von den Toten, deren Haare langsam grau geworden sind, die sich noch immer verfärben.

Der Besucher merkt vielleicht sogar, daß diese Haare nicht nur Haare sind, sondern auch Haare bedeuten sollen, daß sie ein Zeichen sind für die unsichtbaren, für die unendlichen Massen von Haaren. Unter den Haaren, die er sieht, unter der Oberfläche der Masse, sind nicht Haare, sondern Holzbretter und Luft. Eine einfache Konstruktion, die es dem Museum erlaubt, mehr Haare zu pflegen, als der Besucher vor sich sieht. An Haaren mangelt es dem Museum Auschwitz nicht. Die Massen sind vorhanden, auf Vorrat.

Und der Besucher steht vor ihnen und versinkt in ihnen. Als ob er hier Kontakt mit den Toten aufnehmen könnte. Mit denen, von denen keine Spur bleiben sollte, und deren Spur nun ausgestellt wird, in einem Museum, das, so will es das polnische Gesetz vom 12. Juli 1947, auf ewig erhalten bleiben soll. Als polnisches Nationaldenkmal des Zweiten Weltkriegs.

Geblieben sind die anonymen Massen von Schuhen und Gegenständen, von Bechern und Gabeln. Blechgabeln, die das Museum auch im Freien liegen läßt, in Birkenau nämlich, wo bis heute gerade einmal eine Wache am Tor den verwaisten Ort beaufsichtigt. Blechgabeln, die immer weniger werden, sich unter den andenkenhungrigen Besuchern zerstreuen.

Der Besucher von Auschwitz erfährt nichts über die Toten von Birkenau, über die, von denen kein Foto mehr gemacht wurde, die keine Nummer mehr bekamen, die den kurzen Weg in die Gaskammern nahmen.

Die Ausstellung über die Menschenvernichtung in Auschwitz-Birkenau, die der Besucher im Museum, also im Stammlager Auschwitz I, durchläuft, wurde von polnischen, von politischen Häftlingen des Lagers entworfen und gestaltet. Ihr Blick auf die Vernichtung ist es, der Blick von Auschwitz I nach Birkenau, den der Besucher nachempfinden kann, wenn er überhaupt dem Schock der entblößten Intimität, der radikalen Nacktheit des Todes standhält. Was er sehen kann in dieser Ausstellung ist die Ankunft der anonymen Millionen, Juden oder Zigeuner genannt, doch ohne Namen, ohne Geschichte, schon keine Menschen mehr.

Er kann den Tötungsvorgang studieren, die Perfektion der Maschinerie, bis zu einem künstlerisch gestalteten Modell darin erstickender Leiber. Er sieht, was von ihnen übrigblieb. Er sieht, was die Häftlinge von «Kanada» wegräumen durften, sortieren durften für die Deutschen im Reich und im Apparat, was sie selbst zu «organisieren» versuchten, um ihr eigenes Leben zu verlängern. Er kann so verständnislos vor den physischen Resten des Lebens von Millionen stehen wie die politischen Häftlinge von Auschwitz, die selbst dann noch an etwas glaubten, als sie nicht mehr verstanden, was sie sahen.

Primo Levi lernte in Auschwitz-Monowitz, im Sklavenarbeitslager der IG-Farben, Häftlinge aus Welten kennen, die miteinander nichts mehr zu tun hatten, aus der Welt der «Politischen» und der «rassisch Verfolgten», aber auch, ob sie nun Juden waren oder nicht, aus der Welt derjenigen, die noch an etwas glaubten, und aus seiner Welt, der Welt derer, die an nichts mehr glaubten:

«Ihr Universum war größer als das unsere, weiter gespannt in Raum und Zeit und vor allem verständlicher: sie besaßen einen Schlüssel und einen Halt, ein tausendjähriges Morgen, für das es einen Sinn haben konnte sich zu opfern, einen Platz im Himmel oder auf der Erde, wo die Gerechtigkeit und die Barmherzigkeit gesiegt hatten oder in einer vielleicht fernen, aber gewissen Zukunft den Sieg erringen würden: Moskau oder das himmlische oder das irdische Jerusalem.»

Und sie waren es, die von den Lagern erzählen, Museen gründen, Gegenstände in Ausstellungen zusammentragen konnten. Ganz gleich, ob ihr Glaube sie als politische Gegner oder als Angehörige überfallener Nationen in diese Lager geführt hatte, oder ob er sie nur, das Überleben ein wenig wahrscheinlicher machend und nur darum scheinbar unangefochten aus dem Lager hinausbegleitet hatte. Aus diesem Blickwinkel, aber eben nur aus diesem, macht sogar der Vergleich der KZ mit den Gulags noch Sinn. Vom Stammlager aus sind die Toten von Birkenau nichts als eine Zahl.

Die ersten Museen, die die Auslöschung der Juden zum Gegenstand hatten, wurden von den Nazis selbst gegründet. James Young bemerkte zuerst, daß nicht die völlige Vernichtung aller Spuren, sondern erst die Beherrschung und Auslöschung jüdischer Erinnerung selbst die Konsequenz der nationalsozialistischen Vernichtungspolitik bedeutet hätte. Hunderttausende von Büchern und Kultgegenständen wurden von den Nazis keineswegs verbrannt, sondern mit einer Mischung aus Faszination und Abscheu, Unverständnis und irrationaler Gier zusammengetragen und katalogisiert.

Das Jüdische Zentralmuseum in Prag sollte den Untergang des Judentums, den Triumph über die vernichtete Kultur symbolisieren. Ein Museum als Grab. Während ein letztes Aufgebot jüdischer Wissenschaftler in Prag 1943 die erste Ausstellung vorbereitete und die eingehenden Stücke inventarisierte, wurden deren Besitzer in den Tod deportiert.

Kaufmännischer dachte man sich da zu gleicher Zeit ein Museum in der Stadt «Litzmannstadt», also in Łodz. Dort wollte die deutsche Ghettoverwaltung mittels und anhand der Juden die fortschreitende Verwandlung von aussterbender jüdischer «Unkultur» in nützliche Dinge wie Uniformen und Damenmoden vorführen. Eine Doppelausstellung sollte es sein, die auch die florierende Ghettoproduktion vorstellte, als work-in-progress. Das Projekt wurde freilich vom Propagandaministerium auf die «Leistungsschau» beschränkt, für die Präsentation des «Untergegangenen» hatte man eigene Fachkräfte: z.B. in Frankfurt, wo Kolonnen von Forschern in Hunderttausenden von geraubten Büchern im Institut zur Erforschung der Judenfrage nach dem Geheimnis der jüdischen Weltverschwörung suchten. All dies während des Krieges, im Zenit der Vernichtung.

Und dann, wie um den Tätern nun die Tat selbst zu entreißen, wird die Vernichtung selbst zum Gegenstand von Museen. Zunächst sind es die Überlebenden selbst, die am Ort des Geschehens (oder in ihrer neuen Heimat) sich an den wenigen zeugenhaften Gegenständen festzuhalten versuchen, die zerbrochene Kontinuität ihrer Erfahrung in der Kontinuität der Dinge und ihrer fortwährenden Konservierung aufgehoben wissen wollen. Gegenstände, die an das Leiden erinnern, als etwas, das in der Dimension des Vorstellbaren verbleibt. Konkretionen: Folter, Prügel, Fronarbeit.

Erst jetzt, im Frühjahr 1993, wird in den USA, in Washington, D. C., ein Museum eröffnet, das sich sowohl von der Haftung der Dinge an den Erfahrungen und mehr noch an den Hoffnungen der Überlebenden selbst als auch vom Bezug der Dinge zum historischen Ort in radikaler Weise löst.

Schuhe und Koffer aus Auschwitz, ein Teil der Baracke, ein Lastwagengestell, auf dem Leichen verbrannt wurden, ein Güterwagen, wie er nach Treblinka fuhr, Pflastersteine aus dem Warschauer, Nähmaschinen aus dem Lodzer Ghetto und noch vieles andere ist nun auch an der Mall der amerikanischen Hauptstadt zu besichtigen. Die Museumsräume selbst sind wie Vitrinen konstruiert und temperiert. Der Besucher soll sich in den Ensembles der «Originale» bewegen. Die Objekte gewinnen im Zusammenhang dieser Inszenierung, die auf die Aura des Authentischen als überraschenden, ja überwältigenden Effekt setzt, eine ganz andere narrative Qualität als in den beiläufigen, oft hilflos anmutenden und um so verstörenderen Präsentationen in den ersten, nach der Befreiung entstandenen Museen durch die Überlebenden selbst. Diese hatten versucht, die Gegenstände wie selbstverständliche Beweismittel ihrer eigenen Geschichte zu präsentieren, einer Geschichte, deren Sinn *außerhalb* der Lager fundiert war.

Doch nun ist die zweite Generation, so scheint es (neben dem schlechten amerikanischen Gewissen), die treibende Kraft der Museumsgründung. Es ist dies eine zweite Generation von Überlebenden, die oftmals weder über den Sinn noch über den «Glauben» verfügten, der es ihnen ermöglichte, ihre Geschichte selbst «zu erzählen», die keine Helden, Kämpfer, Märtyrer waren. Das Geheimnis ihrer Existenz und damit der paradoxe Sinn ihrer Kinder liegt *in* den Lagern, nicht außerhalb von ihnen.

Die amerikanischen Museen, welchen politischen Kontexten und Interessen sie auch immer entwachsen sind, stellen in vielerlei Hinsicht den Versuch dieser zweiten Generation dar, den Leiden der verstummten Überlebenden, die ihre Eltern waren, eine Sprache, eine narrative Kontinuität zu verleihen, sich selbst damit eine Geschichte zu geben. Und sei es um den Preis, die Authentizität der Objekte zum Fetisch werden zu lassen und den Riß in der Zeit, das lange Schweigen selbst «zum Schweigen» zu bringen.

«Seitdem ich hier auf Erden ans Ende meines Daseins gekommen bin», so schreibt der ungarische Schriftsteller Imre Kertész, schaufelt er mit dem Kugelschreiber «sein Grab in den Wolken, in den Winden, im Nichts». Kertész ist als Jugendlicher von Ungarn nach Auschwitz deportiert worden. Befreit wurde er in Buchenwald. Seitdem, so sagt er unruhig im «*Kaddisch für ein nichtgeborenes Kind*», hat er das Lager nicht mehr verlassen, lebt er «mit dem Gefühl, daß die Deutschen jederzeit zurückkommen können», in einem «Zustand des völligen In-die-Fremde-Geworfenseins. ... Von Auschwitz wird man nicht geheilt, von der Krankheit Auschwitz wird niemals jemand genesen». Was Kertész beschreibt, findet sich in zahlreichen Biographien von Überlebenden, erst recht aber in therapeutischen Situationen, in denen die Lagererfahrung, die Erfahrung von Ghettoisierung und Versteck nicht als Vergangenheit, sondern als schwarzes Loch, als fortwährende Gegenwart in der mentalen Zeitachse aufbricht.

Die Konfrontation mit dem sicheren Tod, mit dem Tod von gesamten Familien und Kollektiven, bedeutet auch den absoluten Bruch der inneren Lebenslinie. Die Zeit vorher und die Zeit danach ist abgerissen.

Ob diese Konfrontation mit der absoluten Einsamkeit, dem sinnlosen Ausgeliefertsein, nun 24 Stunden dauerte wie in Raymond Federmanns Geschichte seines Überlebens: Die Mutter rettete ihn als einzigen der Familie vor der Gestapo, als sie ihn in einen Schrank unter dem Treppenabsatz schubste, wo er eben 24 Stunden regungslos verharrte. Oder anderthalb Jahre, die ein Patient William Niederlands in einer sarggroßen Grube in Polen versteckt gelegen hatte. Vergangenheit und Gegenwart sind fortan nur noch Äußerlichkeiten. Die Unterbrechung der eigenen Kontinuität ist unwiderrufbar. Die Erfahrungen mit dem Tod wächst ins Unendliche, ins Endlose, ist nicht mehr lokalisierbar.

Um so mehr versuchten die Überlebenden, diesen Abgrund ihrer Kontinuität zu überbrücken, Familien zu gründen, ein Leben aufzubauen, einen politischen Kampf wiederaufzunehmen. Die Gegenwart der Lager wanderte ab in die Gegenwart der schlaflosen Nächte, in die Un-Zeiten der wenigen verbleibenden «Ruhe». Das hartnäckige Anknüpfen an die Lebensentwürfe vor dem Krieg war nur möglich um den Preis der Einkapselung der sprengenden Erfahrung, ihrer Entwirklichung und Stereotypisierung. Was blieb, waren Alpträume.

«Das Konzentrationslager Neuengamme lastet wie ein Fluch auf Hamburgs Gewissen, seiner Ehre und seinem Ruf. Der Ruf der Unmenschlichkeit und grauenhaften Schreckens dieses Lagers müssen ausgelöscht werden aus der Erinnerung an unsere Zeit. Hierzu wird jetzt Gelegenheit geboten, nämlich hier eine vorbildliche Gefangenenanstalt aufzubauen, die den Ruf Neuengammes und damit Hamburgs wiederherstellt. Das Schandmal der Vergangenheit möge ausgelöscht werden und Neuengamme uns eine Verpflichtung zur Wiedergutmachung bedeuten, um aus dieser Anstalt nunmehr eine vorbildliche Anstalt der Menschheit und des modernen Strafvollzugs von Weltruf zu schaffen» (Schreiben der Hamburger Gefängnisbehörde an den Senat der Stadt Hamburg vom 21. 10. 1947 zwecks Überlassung des Lagergeländes).

Mit dem Bau einer Musterstrafanstalt aus dem Geist der Reformideen der zwanziger Jahre wurde unverzüglich auf dem Gelände des ehemaligen Häftlingslagers begonnen. 1970 errichtete man auf dem ausgedehnten Gesamtgelände auch noch eine Jugendstrafanstalt, die äußerlich freilich wenig an Reformideen, noch weniger an Wiedergutmachung erinnert.

Die Vorstellung einer Wiedergutmachung, einer «Reform» des Ortes selbst, die die Geschichte auslöschen könnte, ist offenbar ad acta gelegt worden. Der größte Teil der Fläche am Stadtrand verfiel, wuchs zu. Schritt für Schritt entstanden immerhin ein Mahnmal und ein kleines Dokumentenhaus. Gefordert wird seit Jahren der Aufbau einer Gedenkstätte: «Aufgabe der Gedenkstätte ist es, eine intensive historisch-politische Bildungsarbeit zu leisten mit dem Ziel, in Konfrontation mit Erscheinungsformen des Nationalsozialismus demokratisches Bewußtsein zu fördern und das dafür relevante historische Wissen zu vermitteln», so hieß es 1987 in einer Denkschrift an den Senat. Der reale Friedhof von Tausenden, der Ort von Erinnerung und ihrer Auslöschung wird im flotten Bildungsjargon zum Lernort der Demokratie und zum Anschauungsmaterial für Erscheinungsformen der Diktatur. Solch gesprächige Sprachlosigkeit ist durchaus üblich. Und angesichts dessen, was da versucht wird, auch nicht verwunderlich. Anders die Orte, an denen die sprachlosen Bilder und Symbole dominieren. Dort herrscht kein gutwilliges Stottern, sondern selbstbewußtes Beharren auf gültigen Formen, fest verankert in einem gut verteidigten Jenseits.

Schon von weitem ziehen die drei Tempel die Blicke des Besuchers an. Ein monströser Zylinder beherrscht die zentrale Wegeachse des ehemaligen Häftlingslagers Dachau. Rechts und links flankiert von etwas Ungefährem, das man nicht erkennt.

Zwei Baracken hinter sich lassend, streift der Besucher an den stilisierten Grundmauern der übrigen Häftlingsunterkünfte entlang. Wenige Jahre vor der Einrichtung der Gedenkstätte 1965 wurde hier alles geschleift, neu geordnet, gesäubert. Schließlich wurden ein wenig Zaun, ein Turm, jene zwei Baracken rekonstruiert, schließlich im ehemaligen «Wirtschaftsgebäude» eine Ausstellung eingerichtet. Das Lagergelände sollte eigentlich aufgeforstet werden, mit deutschen Eichen. So hatte es Münchens Weihbischof Neuhäusler gefordert, der selbst Häftling in Dachau war. Die Zeit verlangsamt sich auf diesem Weg, der auch heute so sauber gefegt erscheint wie ehedem.

Der Zylinder überragt das ganze Gelände. In voller Höhe ist das Mauerrund an seiner Front zu einem Portal senkrecht aufgeschnitten, gibt den Blick frei auf einen Opfertisch aus Tuffstein. Ein griechisches Holzkreuz, von Drähten gefangen, schwebt über dem Altar. Auch die Holzdecke des Sakralraums ist in die Wand aus Flußsteinen eingehängt, einer Kelter nachempfunden, aus der statt Blut Wein herausfließen soll, ganz der Konvention entsprechend.

Nur die «Todesangst-Christi-Kapelle» sollte aus dem Hain deutscher Eichen hervorragen, so sah es Neuhäuslers großartiger Plan vor, zwei andere Bauten sollten im Schatten verborgen bleiben.

1960 schon wurden die Steine für den Bau von Bundeswehrsoldaten aus der Isar geholt. Doch nur ein Kranz der vom Bischof geforderten deutschen Eichen wurde schließlich um das Gotteshaus gesetzt. Wenige Jahre später wurde in der Verlängerung der Mittelachse, freilich außerhalb des Lagergeländes, das Carmel-Kloster «Heilig-Blut» eröffnet. Die Opferstätte des Bischofs steht heute nicht mehr allein auf der sich wie endlos erstreckenden Kiesfläche am Nordrande des Lagers.

Seit 1967 erhebt sich am Ende der Westachse des Lagers ein kantiges Gebirge aus Sichtbeton empor. Die evangelische «Versöhnungskirche» kämpft mit dem Boden, bricht aus ihm hervor wie ein geborstener Bunker. Der gesamte Bau ist nach innen gewendet. Eine Insel der Ruhe und Selbstvergewisserung. Der Hof, von dem aus ein Gebets- und Andachtsraum wie eine Bibliothek betreten werden können, ist nur durch einen schmalen, mehrfach gebrochenen Gang zu erreichen. Die demonstrative Kargheit der Anlage, ihr Gestus der Vergeistigung im Wort schirmt sich nach außen ab wie eine Festung der «inneren Emigration». Ein Hafen der Rettung für eine letztlich unangefochtene, rettende Innerlichkeit?

Im selben Jahr 1967, am Yom Hashoah genau, eröffnet der bayerische Landesrabbiner auch ein jüdisches Mahnmal, das, leicht versetzt, den Abschluß der östlichen Lagerstraße bildet. Keine Synagoge, die auf diesen Friedhof ohnehin nicht gehört, sondern ein Grabmal.

Eine Rampe, gesäumt von stilisiertem Stacheldraht aus Bronze, es könnte auch eine Dornenhecke sein, führt hinab zum Eingang, dessen Inschrift einen Psalm mit dem Hinweis auf die unabänderliche Sterblichkeit des Menschen zitiert. Auf parabolischem Grundriß erhebt sich ein höhlenartiger Raum aus dunklem Basaltstein, der sich zu seinem rückwärtigen, apsidenartigen Abschluß hin erhöht und der zum Himmel in einer unsichtbaren Öffnung endet, die einen Lichtstreifen in das Dunkel entläßt. Im Innern sind Kerzenhalter für die Totengebete vorbereitet. Ein Steinpult trägt das Wort Jiskor, Gedenke. Eine Menorah erhebt sich, nur von außen sichtbar, über der Lichtöffnung der Kuppel. Von dort also fällt das Tageslicht an einem hellen Gesteinsband entlang, das aus israelischem Marmor gefertigt ist. Der Stein wurde in Pekiin gebrochen, jenem Ort in Galiläa, an dem, so heißt es, seit biblischen Zeiten Juden gelebt haben, durch alle Verfolgung hindurch.

Ewigkeit Israels, Rettung der Seelen, Christi für uns vergossenes Blut. Drei Tempel. Auf dem Weg zurück fällt der unverstellte Blick auf das Denkmal von Nandor Glid. Die verrenkten Muselmanen, die Verhungernden im Stacheldraht, der Tod als letztes Sich-Aufbäumen der Menschen. Zwischen den Tempeln der Erlösung und dem heroisch-sinnlosen Tod bleibt es leer.

«Allen, die ihr Bestes und Höchstes, ihr Leben gaben, haben wir hier für alle Zeiten im Herzen Deutschlands auf blutgetränkter Erde die Mahn- und Gedenkstätte errichtet. Das Ehrenmal ist kein toter Stein. Es soll den kommenden Generationen künden vom unvergänglichen Ruhm des mutigen Kampfes gegen die Tyrannen, für Frieden, Freiheit und Menschenwürde. Wir wollen damit den durch den Hitlerfaschismus geschändeten Namen Deutschlands vor der Welt wieder reinwaschen» (Otto Grotewohl zur Weihe der Nationalen Mahn- und Gedenkstätte Buchenwald am 14. 9. 1958).

Wer den Weg von der Blutstraße herunter zum Mahnmal nimmt statt zum ehemaligen Lager Buchenwald, wird in Deutschlands grandiosestes Siegesmal entführt. Dreißig Jahre der Ort von Jugendweihen und Feiern zum Jahrestag der Selbstbefreiung, von Staatsakten und Vereidigungen. Dreißig Jahre nationaler Wallfahrtsort und Nationalheiligtum.

Es beginnt ganz profan mit einem Parkplatz und dem Hinweis auf eine Gaststätte. Doch nach dem Durchschreiten eines ägyptisierenden Tores befindet sich der Besucher an einem sakralen Ort. Er schreitet einen gewundenen Weg den Hang des Ettersberges hinab, frei über der Ebene von Weimar. Sieben Bildtafeln, Stelen genannt, erinnern mit Reliefs an das Leiden und die Solidarität der Häftlinge und ihren Kampf gegen die SS, die Verschwörung der Illegalen vor dem Bildnis Ernst Thälmanns und den Sieg der Häftlinge über ihre Bedrücker, mit der Waffe in der Hand. Die Verse Johannes R. Bechers auf den Rückseiten sparen nicht mit Anspielungen auf Christus («Er stand vor uns in einem hellen Schein»), Kreuzigung («Seht ihre Arme weithin ausgestreckt») und Auferstehung («Die Todgeweihten stiegen aus dem Grab»). Und diese Auferstehung soll der Besucher physisch nachvollziehen.

Der Weg endet am Mauerrund eines der heidnisch inszenierten Ringgräber, in denen die Asche der Massengräber Buchenwalds, die sich hier befanden, zusammengefaßt wurden. Und im rechten Winkel nach links führt nun die Straße der Nationen die Flanke des Bergrückens entlang, vorbei an 18 massiven Pylonen, die Flammenschalen tragen und die Namen von 18 europäischen Nationen, denen Häftlinge entstammten. Deutschland ist unter ihnen, vereint mit Europa. Nur die Juden fehlen. Und die Sinti und Roma selbstverständlich auch. In der Mitte passiert der prachtvolle Weg ein weiteres Ringgrab, in einem dritten endet er. Ein viertes Massengrab ist bis heute verschollen. Auch wenn man am Ende des Krieges noch wußte, wo es war. Wen interessieren schon die wirklichen Toten? Durch das dritte Ringgrab jedoch muß der Besucher hindurchgehen, den zum Symbol, zur Ausstattung eines Kultes verbrauchten Toten soll er noch einmal begegnen, bevor er wieder hinauf, ans Licht geführt wird.

«Für unsere Jugend soll die goldene Krone leuchten, die auf der Spitze des Glockenturmes weithin ins Thüringer Land schaut. Als ein Zeichen der Überwindung, der endlichen Überwindung dieser scheußlichen Endphase des Kapitalismus. Sie soll hinüberleuchten in den westlichen Teil unseres Vaterlandes und davon künden, daß wir das humanitäre Werk unserer Weimarer Klassiker fortzuführen gedenken, damit die kommende Generation mit Stolz zurückblicken kann auf den Kampf der Väter» (Herbert Sandberg, ehemaliger Buchenwald-Häftling, zur Eröffnung der Mahn- und Gedenkstätte).

Wie ein Meer von Stufen erhebt sich die Treppenanlage zum Glockenturm vor dem Besucher. Seinen eigenen Körper wieder mühsam emporhebend, nähert er sich dem Strahlenkranz auf der massiven Turmspitze. «Dieser dritte Raumbereich», so heißt es in einem DDR-

Kunstlexikon, «ist – zwecks Symbolisierung der Entschiedenheit, Konsequenz und Zielbestimmtheit des antifaschistischen Widerstandskampfes – streng axial angelegt.»

Vor sich den Glockenturm, die glückliche Zukunft, hinter sich die Toten, doch auch Weimar und das Erbe wissend, darf allein oder versammelt emporgeschritten werden. Dann erst schiebt sich die Figurengruppe Fritz Cremers dazwischen, wie aus einer Welle auftauchend, mahnend, die Schwurhand emporgehoben, die Waffe gestreckt, niedersinkend und aufsteigend, Zweifel zerstreuend und zum Handeln verpflichtend, zurückblickend auf die Toten und auf die Stadt.

Der Besuch des Mahnmals endet. Abgeschlossen die Therapie der kollektiven Erinnerung, in der die Identifikation mit den Tätern durch die Verschmelzung mit dem Widerstand aufgehoben wird. Heilung vom Tode, Sieg der Welt über das Böse. Sieg Deutschlands, das vom Torwächter des Hades zum Hüter des Paradieses reüssiert. Grenzwall.

Figuren: Die Hände vors Gesicht geschlagen, zur Faust geballt, zur Anklage, zum Schwur erhoben, aneinander gekettet, in den Himmel gesteckt, schützend übergehalten, die Arme gebunden, geöffnet, geworfen, umarmend, stützend, den Körper der Kugel preisgebend, gerade, im Zaun erstarrt, verrenkt.

Geometrisierende Körper: Eine monumentale Stele, an einen Schornstein erinnernd, der zu einem Flammensymbol reduzierte Torso eines gewaltigen Mauerrunds, der die innen eingeprägte Silhouette eines Menschen verzehrt, ein Obelisk, der an nichts erinnert, außer daß an dieser Stelle jährlich eine Zeremonie stattfindet.

Freie Körper: ein Sammelsurium behauener Blöcke, am Ende der Rampe, die an Sarkophage erinnern sollen, ein gigantischer Block, dessen erodierende, zerfressene Masse droht, den Besucher, der unter ihm das Lagergelände über eine Aussichtsplattform betritt, zu erschlagen, 17000 scharfkantige Granitblöcke für 800000 ermordete Juden...

So wie die jüdische Gedenkstätte in Dachau an einen Sakralraum, nämlich eine Grabkapelle, angelehnt ist, für den es in der jüdischen Tradition keine Entsprechung gibt, so finden sich gerade in Israel in den Gedenkstätten Räume, die auf den ersten Blick eher an Kirchen als an Synagogen erinnern. Ein Phänomen, das erklärungsbedürftig ist. Das Motto, unter dem das Urbild dieser säkularisierten Sakralräume steht, die Gedächtnishalle von Yad Vashem nämlich, hat wiederum in

Deutschland eine erstaunliche Karriere gemacht, als Inbegriff jüdischen Gedenkens.

«Das Vergessen verlängert das Exil, und das Geheimnis der Erlösung heißt Erinnerung.» Jener Satz aus der Lehre des Baal Schem Tow ziert in Deutschland unzählige Redemanuskripte und Einladungen zu Gedenkveranstaltungen. Das Bemühen, im Rückgriff auf jenen Kernsatz israelischen Gedenkens nun wirklich nichts falsch machen zu können, paart sich mit grenzenloser Fahrlässigkeit gegenüber dem Wortlaut. Besonders beliebt ist die Eindeutschung des Satzes, und dies ist nicht im Sinne von Übersetzung gemeint, die auf die häufig wie selbstverständlich gebrauchte Formulierung hinausläuft: «Das Geheimnis der Versöhnung heißt Erinnerung.» Wenn wir vor dem Hintergrund des kollektiven Gedächtnisses in Deutschland («erlöse uns von der Schuld») und im Kontext christlicher Konnotationen («Vergebung bringt Erlösung») die Begriffe miteinander verbinden, ergibt sich der präzise Sinn, der hierzulande die Faszination dieses Satzes ausmacht. «Das Geheimnis der Erlösung heißt Versöhnung.» Gott vergib uns unsere Schuld, wie auch wir vergeben unseren Schuldigern, und erlöse uns von dem Bösen …

Die Rede vom Exil, von dem die Erinnerung Erlösung zu bringen vermag, ist ein Echo ebenjenes doppelten Exils, das die lurianische Kabbala schon zwei Jahrhunderte vor Baal Schem Tow zum Ausdruck gebracht hatte. Das Exil Gottes in der Welt, die Zerstreuung, die Verausgabung des göttlichen Funkens in der Schöpfung, der nur durch das erinnernde Handeln der Menschen wieder zusammengefügt werden kann, und die Zerstreuung Israels in die Diaspora, die dieses Exil Gottes nachvollzieht.

Das liest der Besucher von Yad Vashem beim Eintreten in den Raum, der die Anspielung eines Stiftszelts, freilich aus schwer lastendem Beton, mit der Ikonographie eines Grabmals verbindet. So ist angedeutet, worum die israelischen Formen des Gedenkens kreisen: die Verbindung von Katastrophe und Rettung, vom Untergang einer Existenz und der Gründung einer neuen. Im Halbdunkel des Raumes erkennt der Besucher die Schriftzüge der wichtigsten Todeslager, Ghettos und Erschießungsorte auf dem Teil des Bodens, den er nicht betreten kann. Unter dem azentrischen Kreuzungspunkt des «Zeltdaches» brennt ein ewiges Licht.

Hier verweist der Spruch des Baal Schem Tow, sein messianischer Oberton, präzise auf den Versuch, einen unmittelbaren Kontext von israelischer Identität und Shoah herzustellen. Ein Versuch, der nicht nur dem Tod der Helden jüdischer Aufstände und Partisanenkämpfe, die in den israelischen Museen das Bild der wehrlosen Opfer ersetzen, ja auslöschen sollen, nachträglich einen Sinn verleihen soll, sondern auch der Masse der Märtyrer, die für nichts anderes in den Tod gingen als für ihr Jude-Sein. Die Katastrophe der Diaspora und die Erlösung aus dem Exil sollen untrennbar miteinander verwoben werden. Sechs Neueinwanderer aus verschiedenen Ländern entzünden jedes Jahr am Yom Hashoah die sechs Kerzen zum Gedächtnis an die sechs Millionen.

In Belzec ist nichts geblieben außer der Phantasie des Suchenden. Vertiefungen im Waldboden, Höhlen der Imagination. In Sobibor liegt die Gedenkstätte so versteckt im Wald, daß sie nie jemand findet. In Chełmno empfängt den Besucher der Waldlichtung, auf der die Gaswagen ausgeladen und die Toten verbrannt wurden, an der Straße ein friedhofsartiges Gärtchen mit Kreuz. Dahinter erst, weit weg, wo sich die Lichtung zu einer wüsten Fläche weitet, erhebt sich eine monumentale Betonplatte auf tektonischen Stützen, unter der Izkor gesprochen werden kann und das Totengebet, vor allem wenn es regnet. Auch an der Schauseite der riesigen Betonplatte hing zunächst ein Kreuz, das erst auf Proteste hin entfernt wurde. Ein Blick im Kreis herum. Vom Mahnmal aus bis zum Waldrand, der in unregelmäßigem Abstand, sich zu Durchgängen und weiteren Lichtungen hin öffnend, den Raum porös umschließt, die Fläche stotternd begrenzt, eine Leere voller Toter. Keine genauen Zahlen, keine Namen. Vielleicht 150 000 Juden aus den unzähligen Landgemeinden der Gegend, aus Lodz, aus Berlin, aus Frankfurt, aus Köln und Düsseldorf, aus Hamburg und Prag, aus Wien und Luxemburg, Emden und Krefeld. Einige tausend Sinti und Roma.

Anders die Leere von Bergen-Belsen, diesem wohlgeordneten Friedhof. Vom ehemaligen Lager ist nichts mehr übrig. Die Baracken mußten wegen Seuchengefahr bald nach der Befreiung abgebrannt werden. Was blieb, waren Massengräber mit der Aufschrift der Zahl ihrer Toten, 1000, 2000, 5000. Dazugekommen sind symbolische Einzelgräber, Grabsteine, die manchen Toten von Verwandten gesetzt wurden. Was sonst als einen Friedhof hätten die Behörden, hätten die alliierten Behörden hier anlegen können, an einem Ort, an dem die Briten im April 1945 Tausende von unbeerdigten Leichen fanden, an dem 14 000 Menschen vor Erschöpfung und Krankheit noch nach der Befreiung starben. Es hallt in diese Leere hinein, ein Nato-Truppenübungsplatz liegt daneben, und auf dem Friedhof ist Geschützdonner zu hören. Eine letzte Erinnerung an diese Tage der Befreiung.

In den Lagern sind nicht nur Millionen von Menschen getötet worden. Die Vorstellung von dem, was Tod ist, ist seitdem nicht mehr die gleiche. «Seit Auschwitz heißt den Tod fürchten, Schlimmeres fürchten als den Tod», sagt Adorno, und Lyotard bemerkt dazu: Schlimmeres als einen Tod, der ja «nicht einfach Ende ist, sondern nur das Ende des Endlichen und die Offenbarung des Unendlichen».

Kein «schöner Tod, der alles Leben bekränzet», wie Primo Levi bissig einwirft. «Der Tod in Auschwitz war trivial, bürokratisch und alltäglich.» Erst recht für die, die nur noch über das Wie, nicht mehr über das Ob ihres Todes nachdenken konnten, in den Ghettos und Lagern, die für keinen Kampf und keine Ideologie, für keine Nation und keinen Glauben dort hingebracht wurden, die ihr Leben nicht hingeben konnten, weil sie es gar nicht mehr «besaßen», weil es das einzige war, wofür sie noch kämpften.

Wenn Auschwitz und die anderen Lager jene Vorstellung eines «schönen Todes» zerstört haben, von der alle Denkmäler, alle Mahnmale bis heute dennoch so eigensinnig zu zehren versuchen, dann doch, «weil nichts von dem, was dort aufgezehrt worden ist, sich darin erhält» (Jean François Lyotard).

Am nächsten kommen die Erzählungen der Überlebenden den Lagern dann, wenn sie von den Toten sprechen. «Nicht wir, die Überlebenden, sind die wirklichen Zeugen. Das ist eine unbequeme Einsicht... Wir Überlebenden sind nicht nur eine verschwindend kleine, sondern auch eine anomale Minderheit: wir sind die, die aufgrund von Pflichtverletzung, aufgrund ihrer Geschicklichkeit oder ihres Glücks den tiefsten Punkt des Abgrunds nicht berührt haben» (Primo Levi).

Volkhard Knigge und Detlef Hoffmann danke ich für ihre Hinweise.

Ortsbesichtigung

Autobahn Hannover–Hamburg 1988. Das ehemalige Konzentrationslager Bergen-Belsen liegt etwa 30 Kilometer entfernt.

Majdanek 1989. Parkplatz am Mausoleum, dem zentralen Mahnmal der Gedenkstätte. Rechts das ehemalige Krematorium

Sobibor 1989. Park- und Rastplatz am Eingang zur Gedenkstätte

Auschwitz 1989. Parkplatz vor dem Gästehaus des Museums. Das Gebäude wurde als «Empfangsgebäude» des Lagers 1941 errichtet.

Flossenbürg 1987. Automat zum Erwerb einer Broschüre über die Geschichte des Lagers

Groß-Rosen 1989. Parkettschoner im Lagermuseum, das im Gebäude der ehemaligen SS-Kantine untergebracht ist

Stutthof 1990. Gästehaus der Gedenkstätte. Emblem des Museums auf einem Tellerrand

Herzogenbusch 1991. Erschießungsstelle des ehemaligen Konzentrationslagers

Stutthof 1990. Fliegender Händler auf dem Parkplatz vor dem Lagergelände

Natzweiler 1990. Gebäudeteil des Struthofs, in dem sich eine Gaskammer befand. (Text auf dem Hinweisschild: «Gaskammer. Besuch etwa jede Viertelstunde. Bitte haben Sie Geduld. Danke.»)

Bahnhof Sobibor 1989. Zwischen März 1942 und November 1943 kamen hier 250000 Deportierte an. Sie wurden im unmittelbar angrenzenden Vernichtungslager ermordet.

Dora-Mittelbau 1989. Appellplatz hinter dem Torgebäude des Lagers

Auschwitz-Birkenau 1989. Die Rampe zwischen den Bahngleisen, auf der die Selektionen durchgeführt wurden: links zur unmittelbar anschließenden Ermordung durch Gas, rechts zur Vernichtung durch Arbeit.

Majdanek 1989. Teilweise freigelegte Erschießungsgräben. Am 3. November 1943 wurden hier 18 000 Juden erschossen.

Groß-Rosen 1989. Einstieg und Vorderwand eines Erdbunkers

Majdanek 1989. Deckenschacht, durch den Zyklon B in die Gaskammer geworfen wurde

Mauthausen 1988. Seziertisch, auf dem Ermordeten unter anderem Goldzähne und tätowierte Hautpartien entfernt wurden

Stutthof 1990. «Gaskammer»

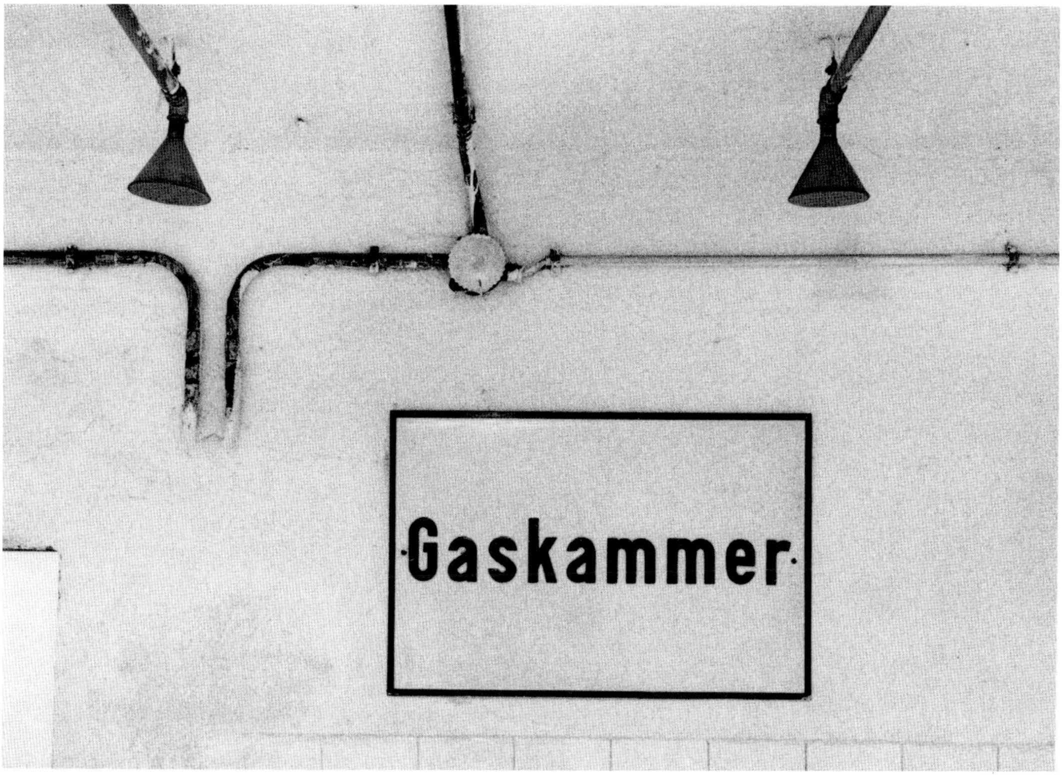

Mauthausen 1988. Restaurierte Gaskammer im Keller des ehemaligen Krankenreviers, das heute als Museum dient (Einrichtung um 1985)

Theresienstadt 1987. Fotografie und originale Uniform des Lagerkommandanten Heinrich Jöckel im Lagermuseum (Einrichtung um 1970)

Neuengamme 1987. Vitrine im Dokumentenhaus

Majdanek 1989. Hinweis in der Mitte des Baracken-Feldes III:
«Hier stand ein Galgen.»

Natzweiler 1990. Vitrine mit einem Galgenstrang. Hinweis: «Seil, das zum Henken von Gefangenen hinter dem Krematorium diente. Schenkung von Robert Ohresser.» (Einrichtung um 1965)

Majdanek 1989. Häftlingskleider auf Häftlingsbetten in einer erhaltenen Baracke auf Feld III

Bergen-Belsen 1988. Symbolische Einzelgräber auf dem Lagergelände

Dachau 1991. Restaurierter Wachturm

Theresienstadt 1987. Frisch aufgetragener Leitspruch über dem Tor zu Hof I

Herzogenbusch 1991. Zaunrekonstruktion um das ehemalige Krematorium vor der Mauer der heutigen Strafanstalt Nieuw Vossenfeld (Einrichtung von 1990)

Theresienstadt 1987. Zelle für 400 bis 600 Häftlinge

Flossenbürg 1987. Restaurierte Gefängnisbaracke für Einzelhäftlinge. Heute Dokumentationsraum, die meisten Zwischenwände wurden herausgebrochen.

Herzogenbusch 1991. Originale, aber seitenversetzte Tür vor einem Nachbau der Zelle 115 im Krematorium, das heute Teil der Gedenkstätte ist (Einrichtung von 1990). Die Originalzelle befand sich im «Bunker für verschärften Arrest», der heute zur benachbarten Strafanstalt Nieuw Vossenfeld gehört. In der Nacht vom 15. zum 16. Januar 1944 wurden dort 76 Frauen eingesperrt, von denen einige an Sauerstoffmangel starben.

Buchenwald 1989. Wagen zum Leichentransport von der Genickschußanlage, die sich außerhalb des Lagergeländes befand, ins Krematorium. Beschriftung: «Dieser Behälter ist ein Original und stand auf dem Krematoriumshof.» Aufgestellt um 1985 in einem Nachbau der Genickschußanlage auf dem Gelände des Lagers bzw. der Gedenkstätte.

Auschwitz 1989. Koffer von Deportierten.

Links: Auschwitz 1989. Haare von in den Gaskammern Ermordeten, in denen Blausäure nachgewiesen wurde. Vitrine um 1965

Auschwitz 1989. Beinprothesen und Krücken

Sachsenhausen 1987. Originale Häftlingsutensilien in einer Vitrine des Lagermuseums. Illustriert wird die Aussage des SS-Arztes Baumkötter: «Die Verpflegung war schlecht, sehr schlecht. Vor allem fehlte das Eiweiß als wichtigster Aufbaustoff. Dadurch baute sich der Körper langsam, aber sicher ab.» (Einrichtung von 1961)

Rechts: Majdanek 1989. Nachbildung einer Tagesration Brot aus Stein. Im Lagermuseum, das in den Baracken des ehemaligen Magazins eingerichtet wurde (Einrichtung um 1975)

Auschwitz 1989. Tischvitrine im Lagermuseum mit Attrappen einer Häftlingsration Lebensmittel für einen Tag (Einrichtung um 1965)

Neutralisierte Zyklon B- Kristalle in Originalbehältern

Tesch u. Stabenou
HAMBURG 1 - MESSBERGHOF

Majdanek 1989. Vitrine mit neutralisierten Zyklon B-Kristallen neben der Tür zu einer der ehemaligen Gaskammern (Aufgestellt um 1975)

Links: Mauthausen 1988. Vitrine im Museum, das um 1985 im ehemaligen Krankenrevier des Lagers eingerichtet wurde.

Mauthausen 1988. Ausgestellte Dose mit Zyklon B

Majdanek 1989. Unter Hitzeeinwirkung verbogenes LKW-Gestell im Lagermuseum. Aussage des Krematoriumsleiters Erich Muhsfeldt: «Auf Florstedts (Hermann Florstedt: Lagerkommandant von Majdanek, R.M.) Befehl begann ich, mit meinem Kommando die in jenem in Richtung Lwow gelegenen Wald verscharrten Leichen zu verbrennen. Zuerst ließ ich dort eine Grube ausheben. Aber das Verbrennen in der Grube ging nicht schnell genug vonstatten. Darum konstruierte ich selbst eine Verbrennungsanlage. Auf Steinen ließ ich ziemlich hoch alte LKW-Fahrgestelle aufstellen. Darauf wurden die Leichen gelegt und mit Methanol übergossen. Unter den Gestellen wurde Holz aufgestapelt und angesteckt. Auf diese Weise wurden jeweils etwa 100 Leichen verbrannt.»

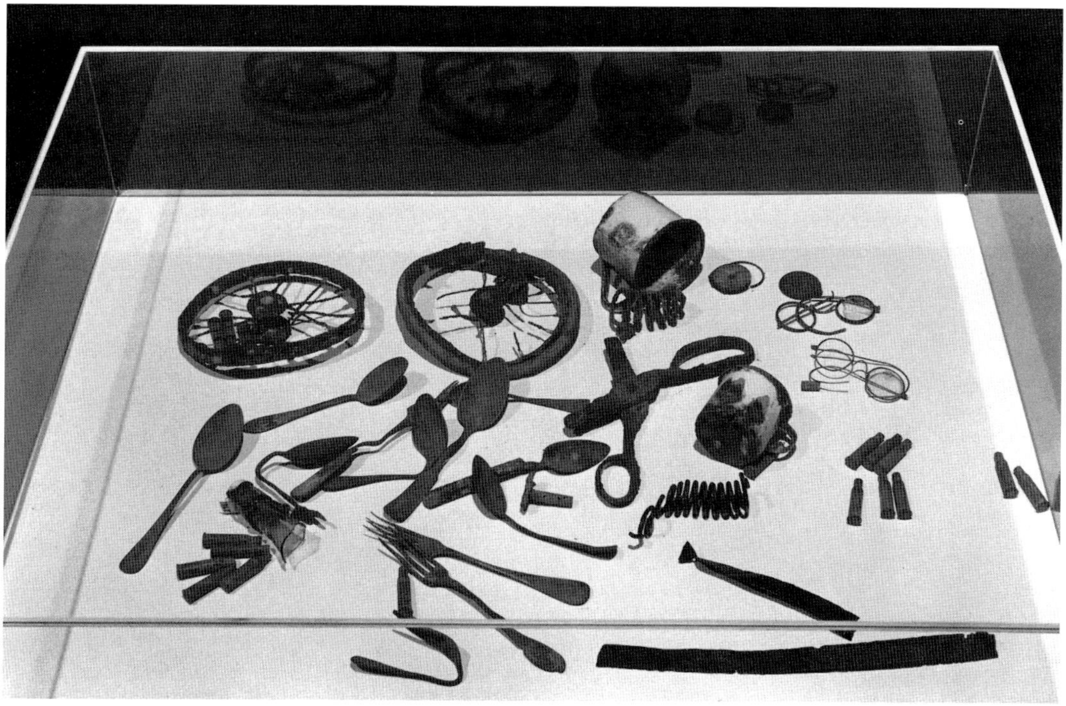

Kulmhof/Ner 1990. Fundstücke aus dem Bereich des ehemaligen Krematoriums im heutigen Lagermuseum (Einrichtung von 1990)

Buchenwald 1989. Appellplatz. Fotoschaukasten am Ort der Aufnahme

Auschwitz 1989. Fotografie eines SS-Fotografen, Ausschnitt I.
Ausstellungsetage der Sowjetunion im Lagermuseum

Auschwitz 1989. Ausschnitt II der Fotografie eines SS-Fotografen. Weitere SS-Fotografien von Erschießungsszenen, Ausstellungsetage der Sowjetunion im Lagermuseum

Stutthof 1990. Fotoinstallation am Ort der Aufnahme

Auschwitz 1989. SS-Fotografie einer Leiche. Treppenhaus des Lagermuseums

Treblinka 1989. Deportation und Leichenverbrennung. SS-Fotografien im Informationspavillon

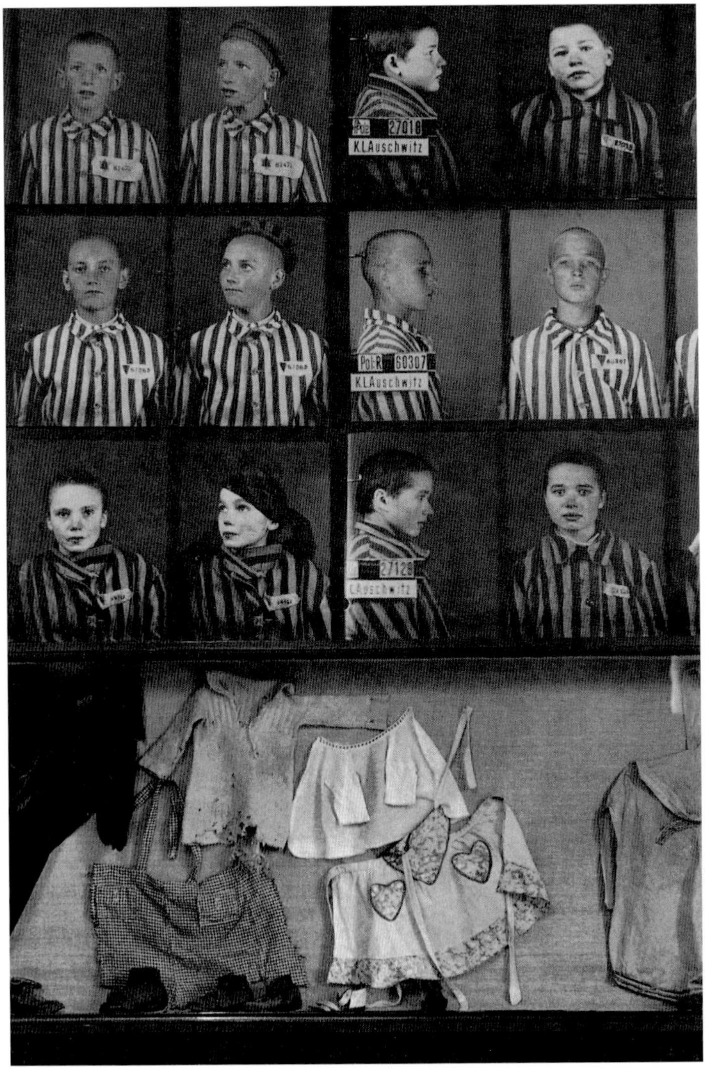

Auschwitz 1989. Erfassungsfotos, Kinderbekleidung. Installation im Lagermuseum

Auschwitz 1989. Erfassungsfotos von Todesopfern mit Angabe des Zeitraums ihrer Inhaftierung. Um 1964 eingerichteter Flur des Lagermuseums

Theresienstadt 1987. Exemplarische Hervorhebung eines Opfers an einer Schlafstelle in den ehemaligen Häftlingsbaracken

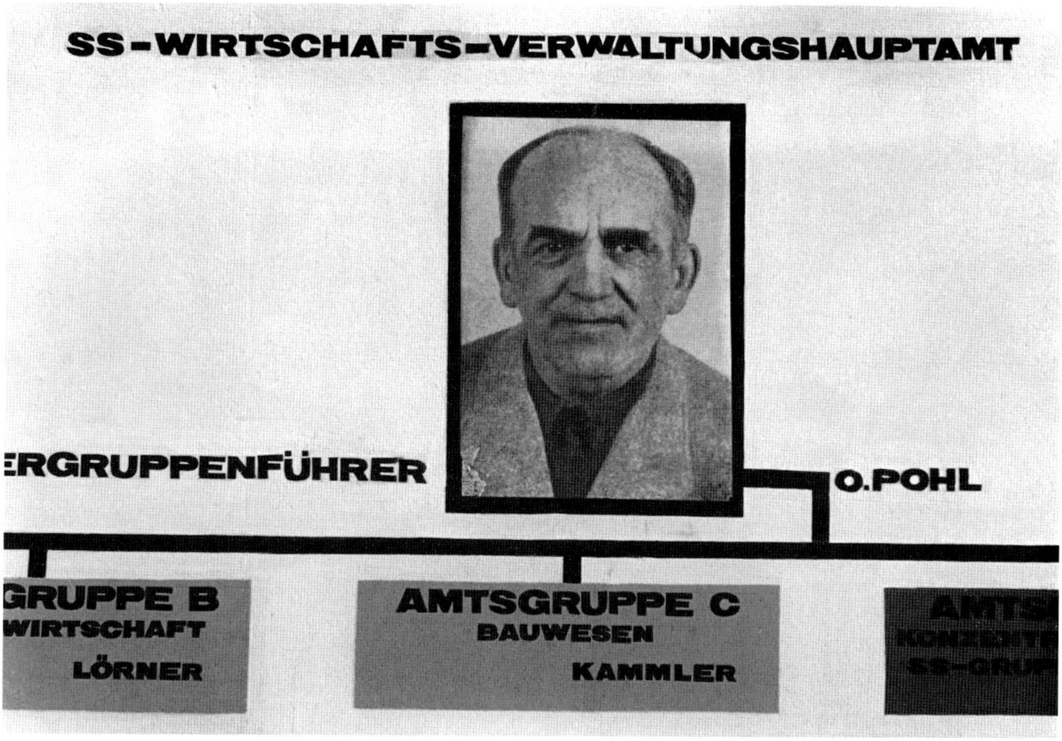

Majdanek 1989. Illustrierte Gliederungsübersicht des SS-Wirtschafts-systems

Dachau 1987. Fotoinstallation im Lagermuseum. (Einrichtung von 1965)

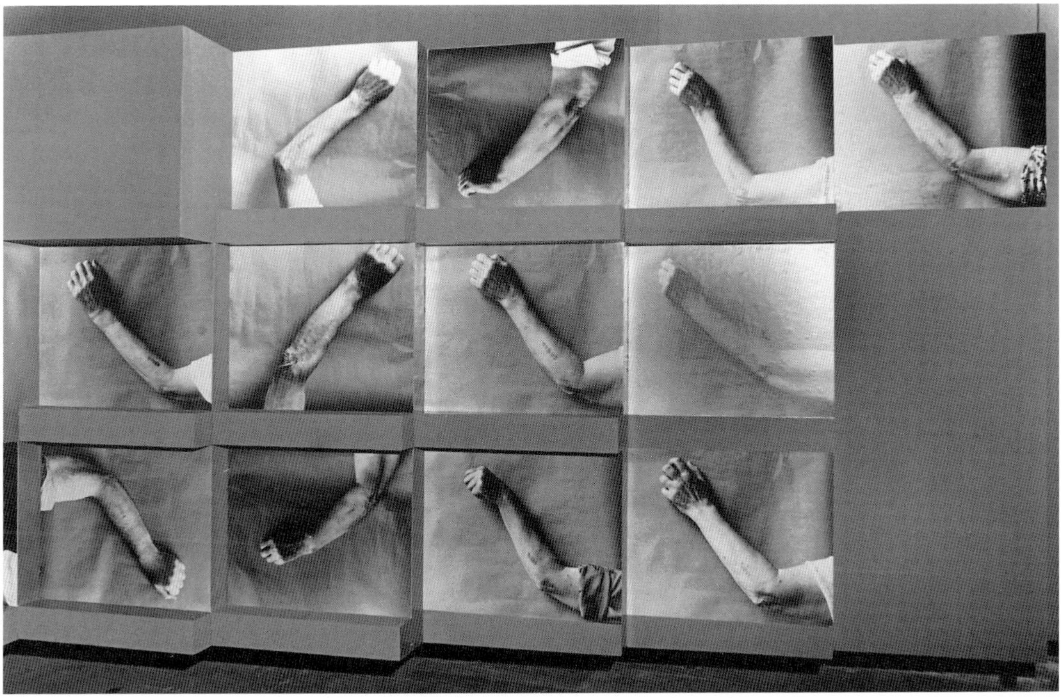

Auschwitz 1989. Arme mit eintätowierten Häftlingsnummern. Installation mit Fotografien in der jugoslawischen Ausstellungsetage von 1988

Sachsenhausen 1987. Installation im Eingang zum Museum des «Antifaschistischen Widerstandskampfes der europäischen Völker» (Einrichtung von 1961)

Groß-Rosen 1989. Installation im Lagermuseum

Neuengamme 1987. Installation im Dokumentenhaus mit nachgebautem Inventar (Einrichtung von 1981)

Natzweiler 1990. Arrangement um 1965 auf dem ehemaligen Appellplatz

Ravensbrück 1988. Planierrolle vor dem Zellenbau des ehemaligen Lagers, in dem heute Länderpräsentationen gezeigt werden.

Buchenwald 1989. Pfahl, an dem Häftlinge an hinter dem Rücken zusammengebundenen Armen aufgehängt wurden, neben einem Karren, auf dem Lasten bis zu 100 Zentnern zu ziehen waren.

Buchenwald 1989. Rekonstruktion und fotografische Illustration des Schützenraums einer Genickschußanlage im Lagermuseum (Einrichtung von 1985)

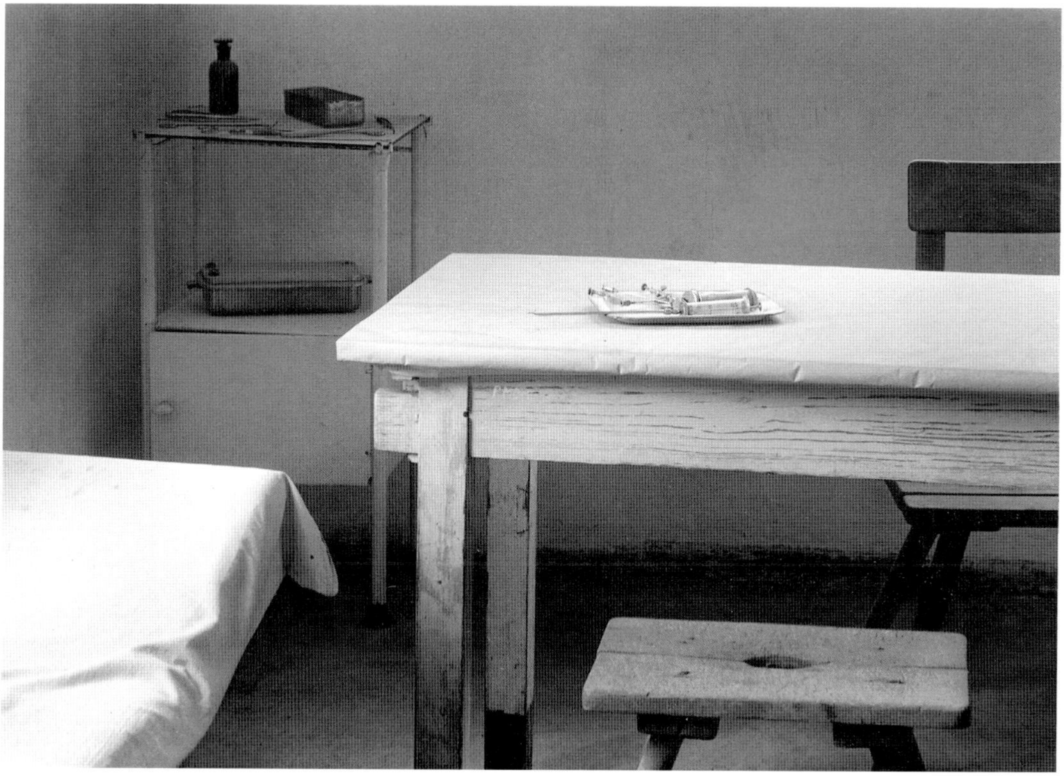

Auschwitz 1989. Rekonstruktion einer Krankenstation, wo Häftlinge mit Phenolspritzen ins Herz getötet wurden. Installation von 1980 in der französischen Ausstellungsetage

Buchenwald 1989. «Dienstraum des Arrestaufsehers» im «Bunker für verschärften Arrest», untergebracht im Torgebäude des ehemaligen Lagers

Rechts: ebenda

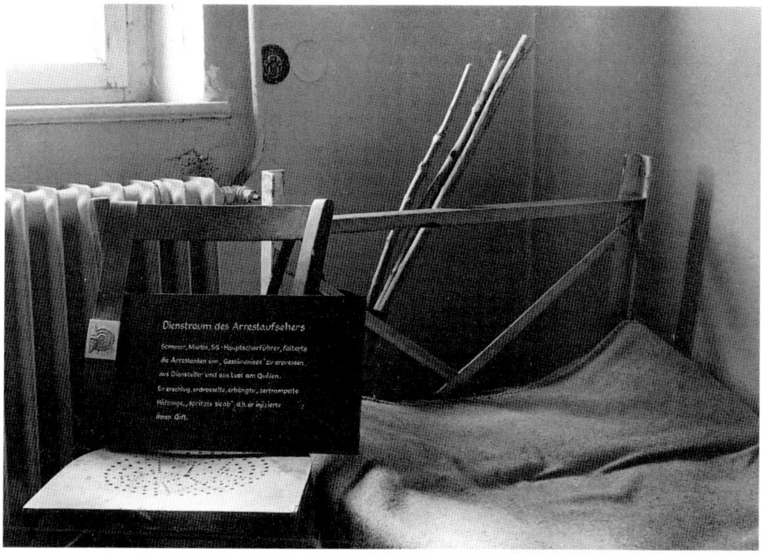
Dienstraum des Arrestaufsehers
Sommer, Martin, SS-Hauptscharführer, folterte
die Arrestanten um „Geständnisse" zu erpressen,
aus Diensteifer und aus Lust am Quälen.
Er erschlug, erdrosselte, erhängte, zertrampelte
Häftlinge, „spritzte sie ab", d.h. er injizierte
ihnen Gift.

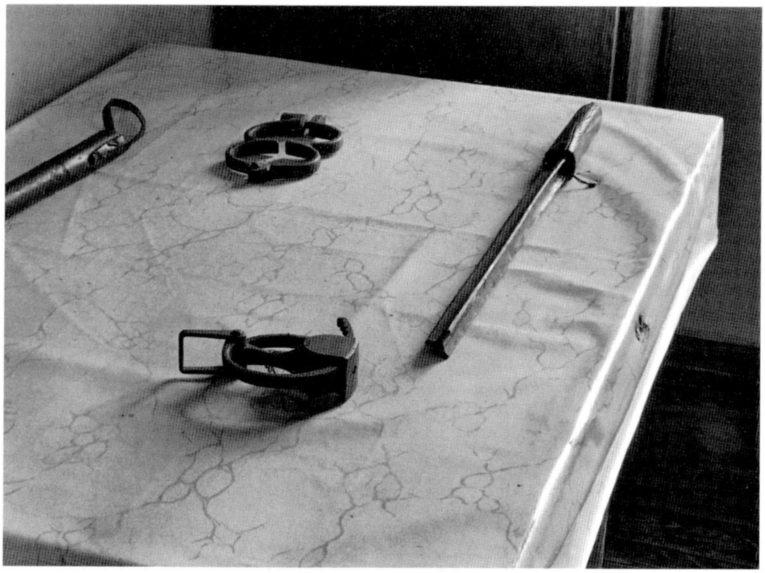

Majdanek 1989. Baracke 52 des ehemaligen Lagermagazins
(siehe entsprechend S. 98 und 100)

Majdanek 1989. In Baracke 52 des ehemaligen Lagermagazins

Majdanek 1989. Baracke 53 des ehemaligen Lagermagazins

Majdanek 1989. Nebenraum der Baracke 53 des ehemaligen Lagermagazins

Majdanek 1989. Baracke 54 des ehemaligen Lagermagazins

Majdanek 1989. In Baracke 54 des ehemaligen Lagermagazins

Westerbork 1987. Lagermodell in einer Außenvitrine (aufgestellt um 1985)

Mauthausen 1988. Modell des Lagers mit Steinbruch (aufgestellt um 1980)

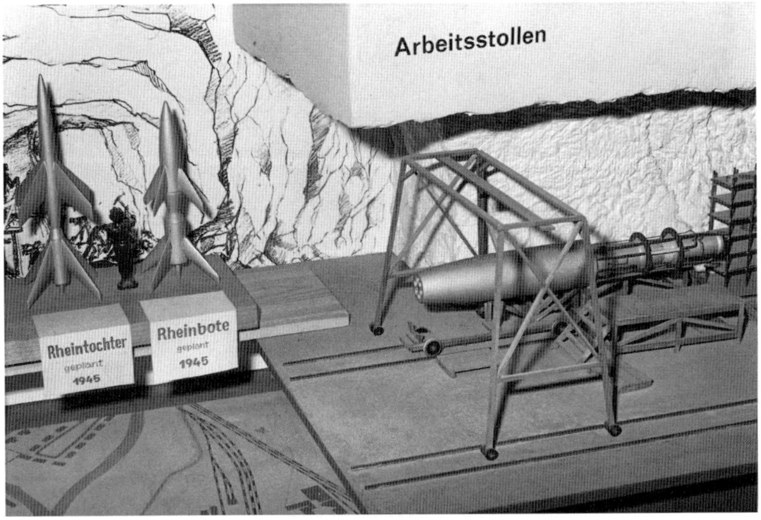

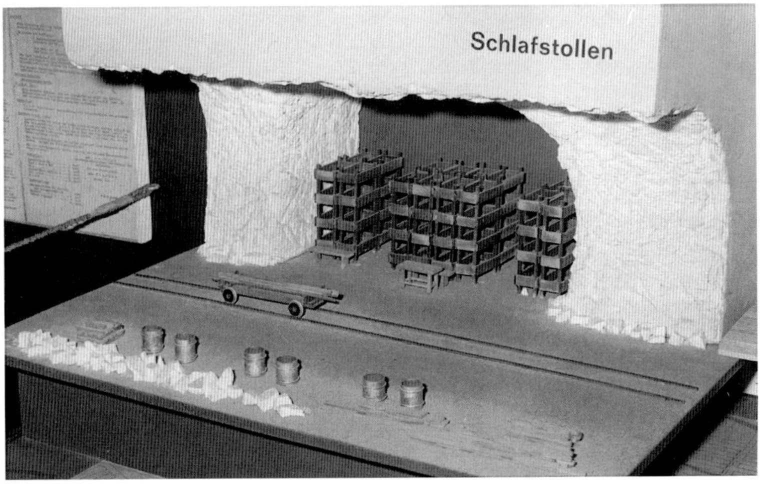

Dora-Mittelbau 1989. Modelle zur Veranschaulichung der Arbeits- und Schlafbedingungen unter Tage

Sachsenhausen 1987. Vitrine mit dem Modell des Torhauses. Arbeit des ehemaligen Häftlings Heinrich Schmidt, die dem Lagermuseum 1980 geschenkt wurde.

Neugamme 1987. Dokumentenhaus. Modell des Arresthauses, Flur (aufgestellt 1980)

Auschwitz 1989. Modell einer Gaskammer im Lagermuseum
(Einrichtung um 1964)

Auschwitz 1989. Schaukasten mit dem Modell eines der Krematoriumskomplexe (Einrichtung um 1964)

Neuengamme 1987. Teilansicht des Lagermodells im Dokumentenhaus

Mauthausen 1988. Illustration einer Häftlingsration Lebensmittel für einen Tag

Sachsenhausen 1989. Die Zahlenangabe benennt die polnischen Todesopfer durch die deutsche Besatzung 1939–45 (Tafel von 1961)

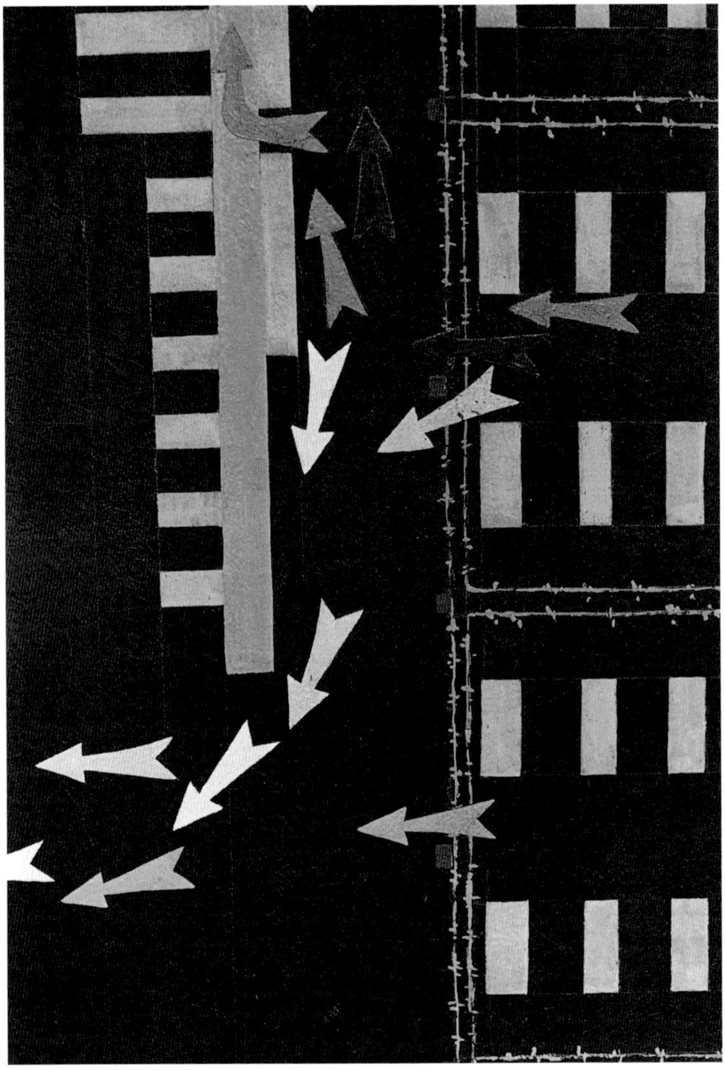

Majdanek 1989. Illustration von Fluchtwegen aus dem Lager

Sachsenhausen 1987. Verschlag im Erschießungsgraben

Sachsenhausen 1991. Erläuterung des «Pfahlhängens»

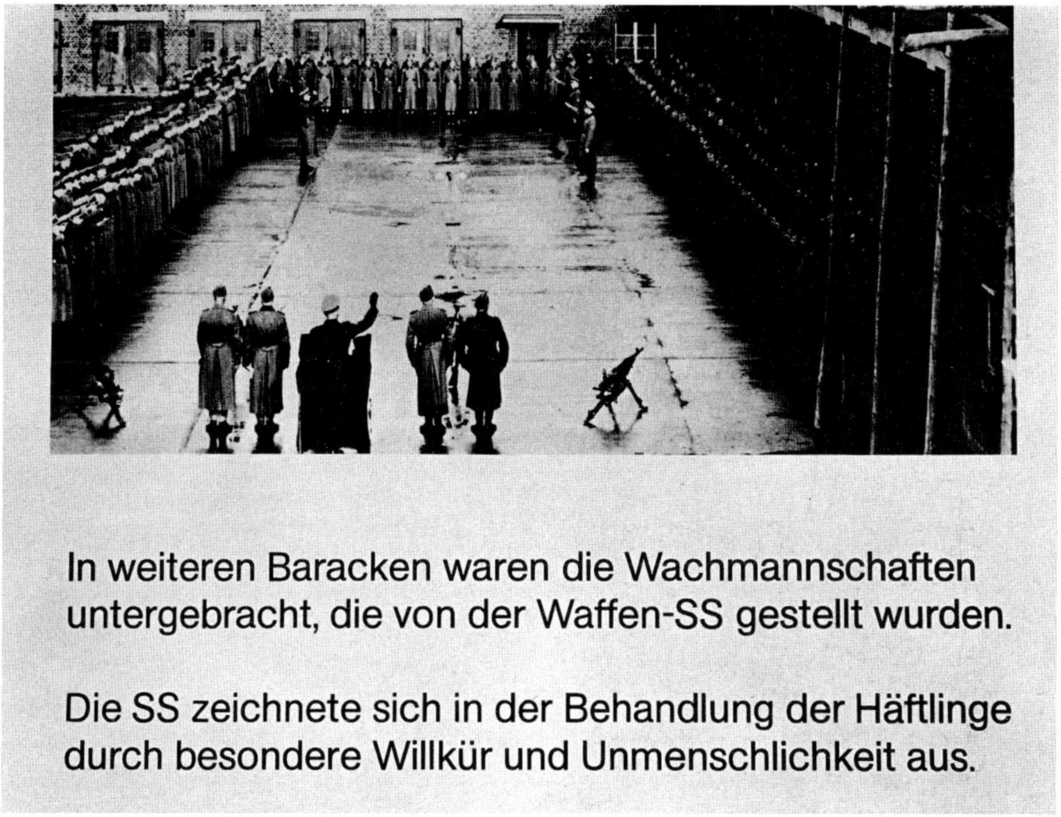

Neuengamme 1987. Teilansicht einer Tafel vor dem Lagergelände

Buchenwald 1989. «Die befreiten Häftlinge». Skulptur von Fritz Cremer vor dem zentralen Mahnmal (aufgestellt 1958)

Dachau 1987. «Internationales Mahnmal» des jugoslawischen Bildhauers Glid Nandor, 1967 vom Comité International de Dachau errichtet.

Mauthausen 1991. Mahnmal der Sowjetunion, aufgestellt 1957

Sachsenhausen 1991. Bronzeplastik vor dem Eingang

Theresienstadt 1990. Bronzeplastik vor dem Eingang zum Lagermuseum

Mauthausen 1991. Bronzeplastik Albaniens, aufgestellt 1969

Neuengamme 1987. Bronzeplastik «Sterbender Häftling» von der französischen Bildhauerin Françoise Salmon, 1965 von der Amicale Internationale de Neuengamme aufgestellt

Flossenbürg 1988. Christusdarstellung mit geschlagenem KZ-Häftling und Angehörigen über dem Altar der Sühnekapelle, die 1946–48 aus den Steinen von vier geschleiften Wachtürmen gebaut wurde.

Mauthausen 1991. Mahnmal der Bundesrepublik Deutschland von Fritz Koenig, aufgestellt 1982/83 vor der Steilwand des Steinbruchs

Mauthausen 1988. Gemälde aus dem Jahre 1983 von Jan Molga, Warschau, im heutigen Weihraum, der ehemaligen Lagerwäscherei

Mauthausen 1988. Gemälde von Jan Molga aus dem Jahre 1988, gestiftet zum Papst-Besuch von der Sparkasse Mauthausen-Grein

Buchenwald 1989. «Straße der Nationen» mit Podesten und Feuerschalen für jedes Land, das Opfer des nationalsozialistischen Regimes zu beklagen hat (fertiggestellt 1958)

Majdanek 1989. Grablicht in einem ehemaligen Krematoriumsofen, der heute im Lagermuseum steht

Stutthof 1990. Bronzene Gedenktafel am zentralen Mahnmal auf dem Lagergelände

Ganz links: Theresienstadt 1987. Emblematische Verdichtung aus Krematoriumsofen, Eingangstor und Initialbuchstaben des Lagers

Links: Dora-Mittelbau 1989. Feuerschale als Zeichen auf einer Lagerübersicht

Unten: Nähe Sobibor 1989. Polnisches Emblem für nationale Gedenkstätten der deutschen Konzentrationslager, hier auf einem Wegweiser

Buchenwald 1989. Im Innern des Glockenturms, des zentralen Mahnmals der Gedenkstätte

Bełzec 1989. Gedenkstein am Lagereingang

Treblinka 1989. 17000 Steine wurden für die 800000 Menschen aufgestellt, die im Vernichtungslager ermordet wurden (Teilansicht)

Stutthof 1990. Ort von Leichenverbrennungen in der Nähe des ehemaligen Konzentrationslagers

Dora-Mittelbau 1989. Fahnenstangen vor der Gedenkstätte

Sachsenhausen 1987. Fahnenstangen neben dem zentralen Mahnmal

Theresienstadt 1987. Symbolische Grabsteine. An dieser Stelle wurden die Überreste von 601 Toten im August 1945 exhumiert und auf dem Nationalfriedhof beigesetzt.

Bergen-Belsen 1988. Hinweisstein (niedergelegt 1966)

Bergen-Belsen 1988. Im Eingangsbereich zur Gedenkstätte

Rechts: Auschwitz 1989. Auf dem Weg zur Gedenkstätte

Rechts unten: Auschwitz-Birkenau 1989. SS-Beschriftung in einer der erhaltenen Baracken

ZACHOWAJ CISZĘ
KEEP SILENCE
GARDEZ LE SILENCE
VERHALTE DICH RUHIG
СОБЛЮДАЙ ТИШИНУ

VERHALTE DICH RUHIG !

Neuengamme 1987. An der Abzweigung zum ehemaligen Konzentrationslager, auf dessen Gelände die heutige Vollzugsanstalt gebaut wurde.

Natzweiler 1990. Wegweiser vor der Gedenkstätte

Auschwitz-Birkenau 1989. Wegweiser vor den Ruinen der Gaskammer und des Krematoriums II

Rechts oben: Flossenbürg 1987. Eingangsschild am Tor der Gedenkstätte mit dem Emblem für schutzwürdige Kulturgüter

Rechts unten: Dachau 1991. Im Vorraum des Lagermuseums ausgestellte Urkunde

BUNDESREPUBLIK DEUTSCHLAND
THE FEDERAL REPUBLIC OF GERMANY
RÉPUBLIQUE FÉDÉRALE D'ALLEMAGNE
ФЕДЕРАТИВНАЯ РЕСПУБЛИКА ГЕРМАНИЯ

URKUNDE

CERTIFICATE · CERTIFICAT · СВИДЕТЕЛЬСТВО

Das Konzentrationslager mit Museum
und historischen Dokumenten

Das Objekt ist SCHUTZWÜRDIGES KULTURGUT

im Sinne des Artikels 1 der Haager Konvention zum Schutz von Kulturgut bei bewaffneten Konflikten. Der Eigentümer ist gemäß Artikel 17 dieser Konvention berechtigt, das Kennzeichen sichtbar anzubringen.

The object is PROTECTED CULTURAL PROPERTY

for the purposes of Article 1 of the Hague Convention for the Protection of Cultural Property in the Event of Armed Conflict. In accordance with Article 17 of this Convention, the owner is authorized to display the

Auschwitz 1989. Souvenirladen am Parkplatz vor der Gedenkstätte
auf dem Gelände des ehemaligen Stammlagers

Stutthof 1990. Auslagen eines Kiosks am Parkplatz der Gedenkstätte

Theresienstadt 1987. Auslage am Souvenirladen im Eingangsbereich der Gedenkstätte auf dem Gelände des ehemaligen Konzentrationslagers

Sachsenhausen 1991. Schaufenster eines Kiosks auf dem Weg zur Gedenkstätte

Mauthausen 1988. Schaukasten mit Postkarten-Angebot

Ravensbrück 1988. Spendendose am Ausgang des Lagermuseums

Buchenwald 1989. Spendenkasten im Durchgang des Torgebäudes

Buchenwald 1990. Spendenkasten im Durchgang des Torgebäudes

Sachsenhausen 1991. Auf dem Tisch fest verklebtes Spendengefäß im Eingang des Lagermuseums

Dachau 1991. Bronzene Gedenkmünze am Verkaufsstand im Lagermuseum

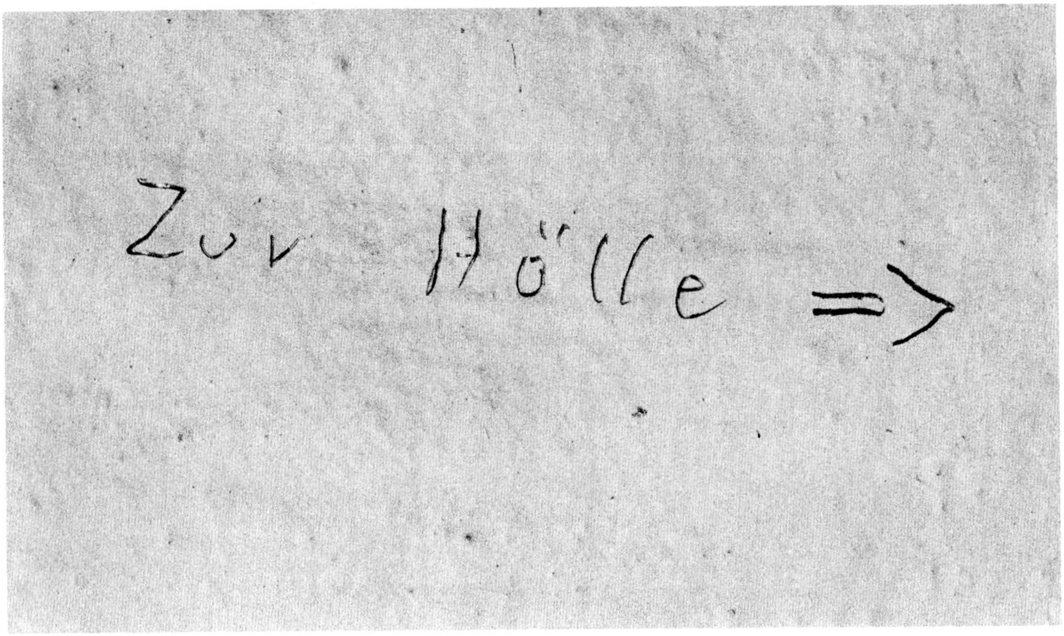

Ravensbrück 1991. Im ehemaligen Krematorium. Der Pfeil weist auf die Öfen.

Mauthausen 1988. Graffito auf einer Zellentür des ehemaligen Lager-
gefängnisses

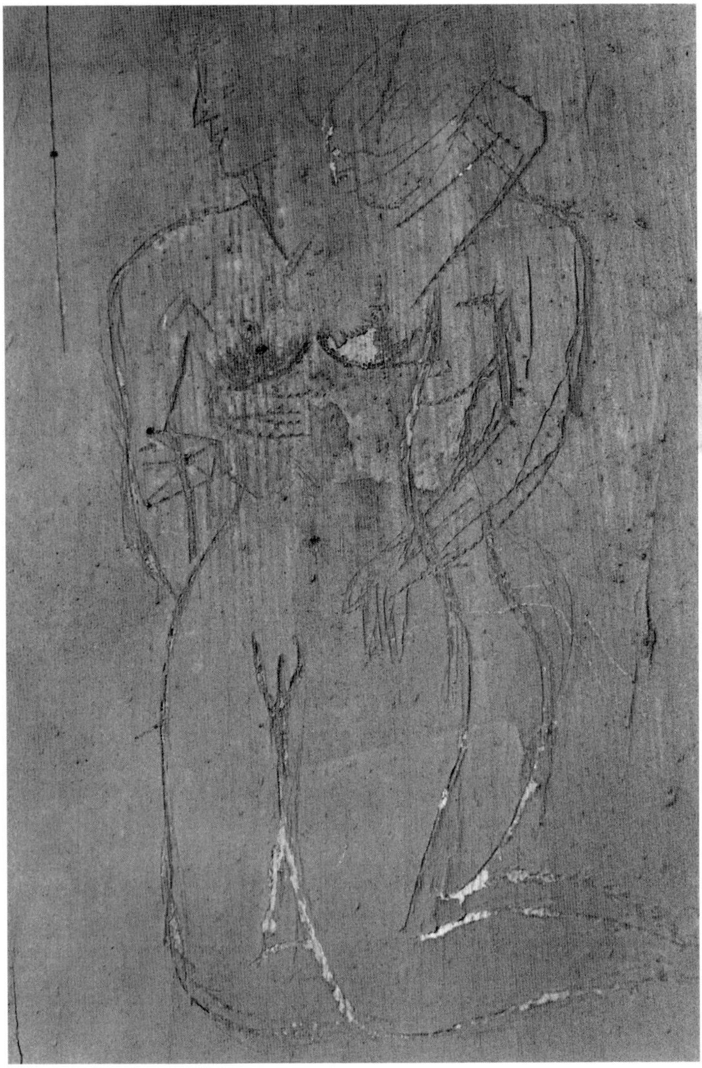

Natzweiler 1990. In den Lack einer Zellentür gekratzte Zeichnung im Lagergefängnis

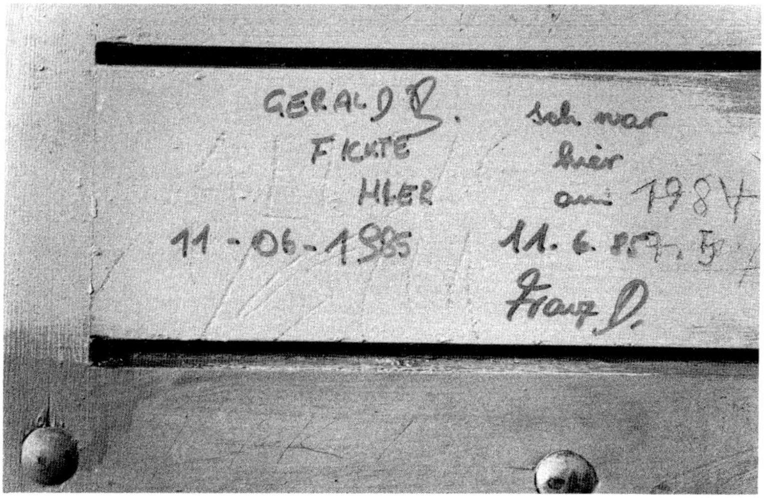

Mauthausen 1988. Graffiti in einer Zelle des ehemaligen Lagergefängnisses

Auschwitz-Birkenau 1989. Graffito in einer der Lagerbaracken

Mauthausen 1988. Graffito in einer Zelle des ehemaligen Lager-
gefängnisses

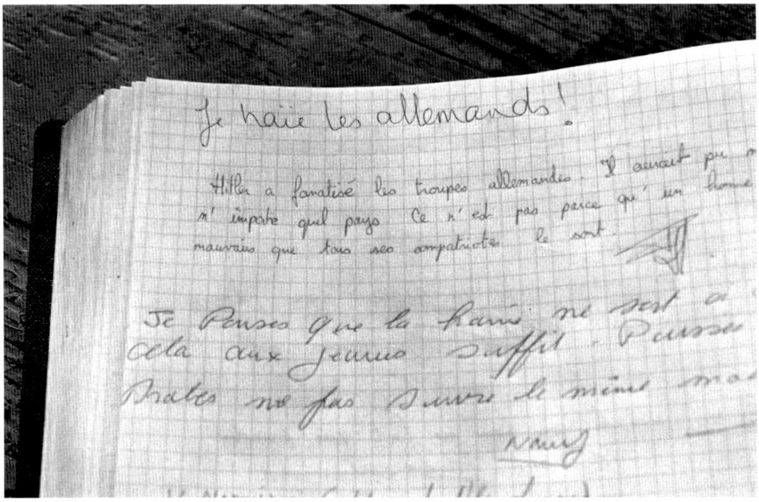
Je haïe les allemands!
Hitler a fanatisé les troupes allemandes. Il aurait pu
n'importe quel pays. Ce n'est pas parce qu'un
mauvais que tous ses compatriotes le sont.
Je Penses que la haine ne sert
cela aux jeunes suffit. Puisse
Arabes ne pas suivre le même

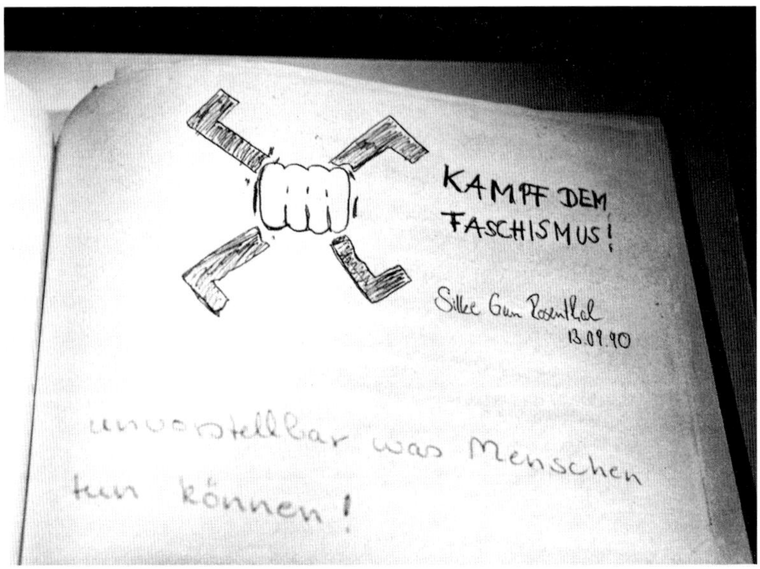
KAMPF DEM FASCHISMUS!
Silke Gun Rosenthal
13.09.90
unvorstellbar was Menschen tun können!

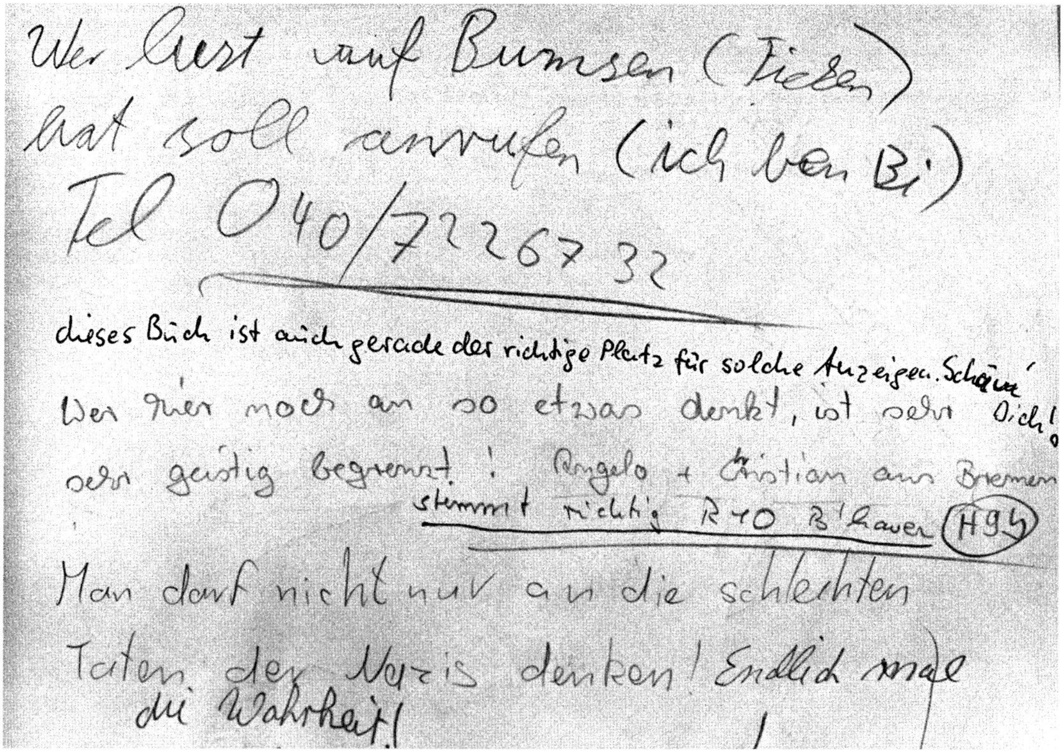
Wer Lust auf Bumsen (Ficken) hat soll anrufen (ich bin Bi)
Tel 040/7226732

dieses Buch ist auch gerade der richtige Platz für solche Anzeigen. Schäm'
Wer hier noch an so etwas denkt, ist sehr Dich!
sehr geistig begrenzt! Angelo + Christian aus Bremen
stimmt richtig R+O B'haven (H94)

Man darf nicht nur an die schlechten Taten der Nazis denken! Endlich mal die Wahrheit!

Neuengamme 1987. Meinungsbuch im Dokumentenhaus

Links: Natzweiler 1990. Meinungsbuch im Lagermuseum. Eintrag oben: «Ich hasse die Deutschen!»

Buchenwald 1990. Meinungsbuch am Ausgang des Lagermuseums

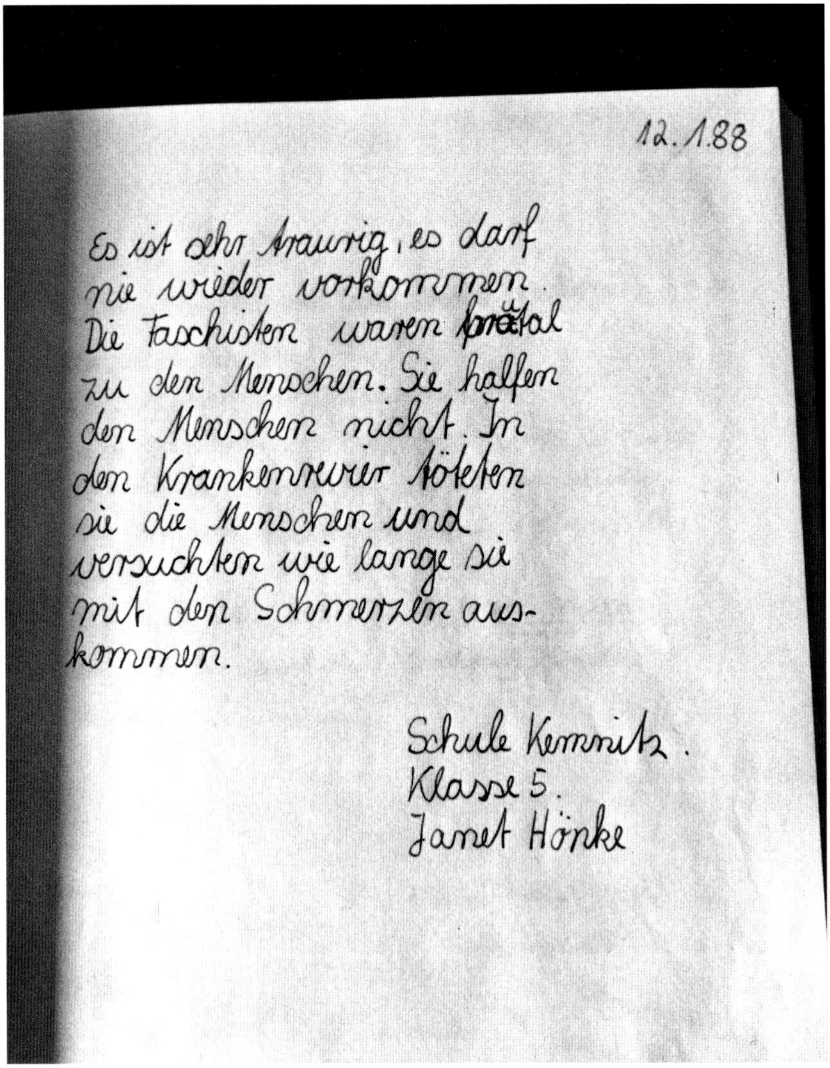
12.1.88

Es ist sehr traurig, es darf nie wieder vorkommen. Die Faschisten waren brutal zu den Menschen. Sie halfen den Menschen nicht. In den Krankenrevier töteten sie die Menschen und versuchten wie lange sie mit den Schmerzen auskommen.

Schule Kemnitz.
Klasse 5.
Janet Hönke

Ravensbrück 1988. Meinungsbuch am Ausgang des Lagermuseums

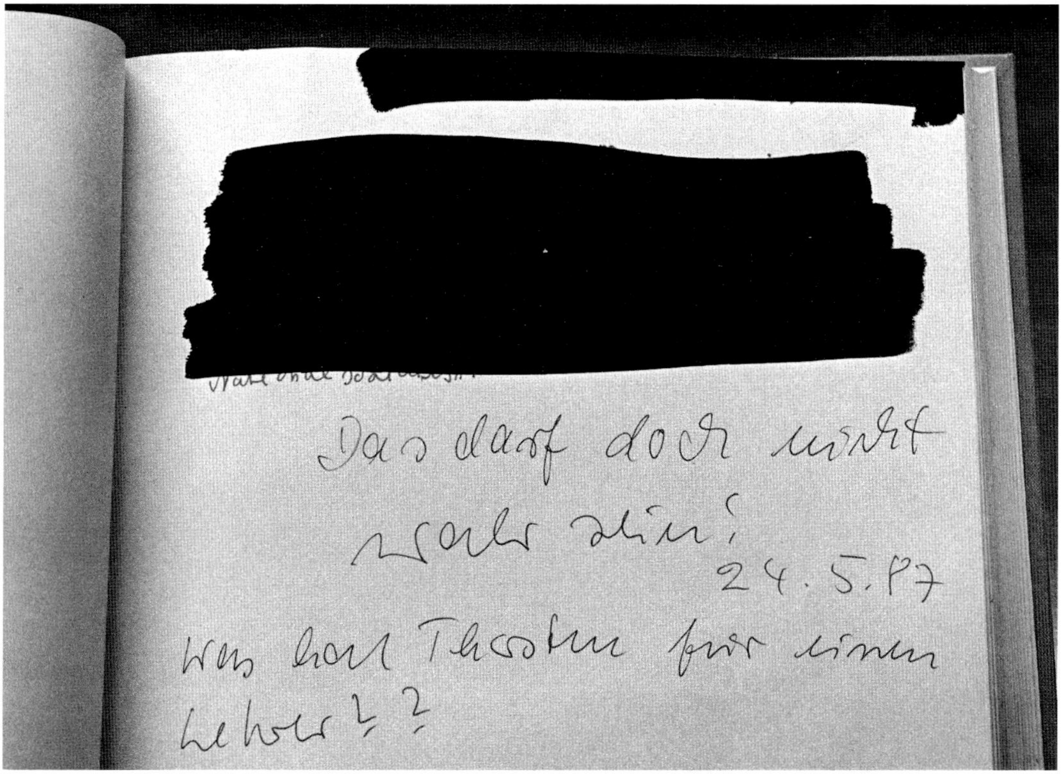

Neuengamme 1987. Meinungsbuch im Dokumentenhaus mit
Tilgungen durch die Gedenkstättenverwaltung

Płaszow 1989. In den Stein des zentralen Mahnmals geritzte Zeichnung

Auschwitz-Birkenau 1989. Unidentifizierbares Graffiti-Palimpsest in einer der Lagerbaracken

Die wichtigsten nationalsozialistischen Konzentrations- und Vernichtungslager

Jochen Spielmann

Museen, Orte, Eintrittszeiten

Die Konzentrationslager sind zu Museen geworden mit Adressen, Telefonnummern und Öffnungszeiten.

In dieser Zusammenstellung sind nur die Museen und Orte berücksichtigt, die Reinhard Matz fotografiert hat.

(Stand November 1992)

Panstwowe Muzeum Oswiecim

ul. Wiezniow Oswiecima 20
PL-32-603 Oswiecim
Tel.: 250–71/72/73
220–21/22/23/24

15. 12.–28. 2.	8.00–15.00 Uhr	
1. 3.–30. 3.	8.00–16.00 Uhr	
1. 4.–30. 4.	8.00–17.00 Uhr	
1. 5.–31. 5.	8.00–18.00 Uhr	
1. 6.–31. 8.	8.00–19.00 Uhr	
1. 9.–30. 9.	8.00–18.00 Uhr	
1. 10.–31. 10.	8.00–17.00 Uhr	
1. 11.–15. 12.	8.00–16.00 Uhr	

Die Gedenkstätte des Staatlichen Museums Oswiecim umfaßt die ehemaligen Konzentrations- und Vernichtungslager Auschwitz I und Auschwitz II-Birkenau. Im ehemaligen Konzentrationslager Auschwitz III-Monowitz befindet sich heute eine Anlage der chemischen Industrie. Die Gedenkstätte wurde 1947 im ehemaligen Stammlager eröffnet. Im Laufe der Jahre wurden verschiedene Ausstellungen konzipiert und realisiert. In fünf Häuserblöcken ist die allgemeine Ausstellung über das Lager zu sehen, in anderen befinden sich Ausstellungen der Länder Frankreich (1980), Belgien (1965), Ungarn (1960), Bulgarien (1977), Italien (1980), Niederlande, Polen (1985), UdSSR (1961, verändert 1982), Tschechoslowakei (1960), Dänemark (1968), Jugoslawien (1988) und Österreich (1978). Die Ausstellung der DDR aus dem Jahr 1961 ist inzwischen geschlossen. Auf Veranlassung des polnischen Staates wurde 1978 eine Ausstellung über «Das Leiden und der Kampf der Juden» eröffnet.

Im ehemaligen Vernichtungslager Birkenau wurde 1967, nach einem zehnjährigen Diskussionsprozeß, eine Denkmalsanlage eingeweiht.

Bis 1989 wurde in der Gedenkstätte vor allem des polnischen, kommunistischen Widerstandes gedacht. Seit dem Regierungswechsel 1989 in Polen wird verstärkt von verschiedenen Seiten an Neukonzeptionen gearbeitet. Eine dieser Konzeptionen beabsichtigt, aus der Gedenkstätte einen polnisch-katholischen Wallfahrtsort zum Todesort des heiliggesprochenen Maximilian Kolbe zu machen, während eine andere in erster Linie dem Ort der jüdischen Shoah gedenkt. Gleichzeitig wird über Möglichkeiten der Konservierung der vorhandenen, im Verfall begriffenen Anlagen beraten.

In den Konzentrations- und Vernichtungslagern Auschwitz-Birkenau wurden hauptsächlich in der Zeit von Februar 1942 bis November 1944 mehr als 1000000 Juden vor allem aus Polen, Ungarn, den Niederlanden, Frankreich, Griechenland, Slowakei, Belgien, dem Deutschen Reich, Italien, Kroatien und Norwegen ermordet. In Birkenau wurden zudem Zehntausende von Sinti und Roma umgebracht. Die Zahl der Nichtjuden, die in Auschwitz-Birkenau ermordet wurden, wird auf mehr als 250000 geschätzt. Die meisten waren Polen.

Szurek, Jean-Charles: *Das Museum des Lagers Auschwitz*, in: A. Leo (Hg.): *Die wiedergefundene Erinnerung. Verdrängte Geschichte in Osteuropa*. Berlin 1992, S. 239–263
Klein, Theo: *L'affaire du carmel d'Auschwitz*. Paris 1991
Spielmann, Jochen: *Entwürfe zur Sinngebung des Sinnlosen. Zu einer Theorie des Denkmals als Manifestation des ‹kulturellen Gedächtnisses›. Der Wettbewerb für ein Denkmal für Auschwitz*. Berlin 1990

Panstwowe Muzeum na Majdanku

Droga Mczennikow Majdanka 67
PL-20-325 Lublin
Tel.: Lublin 426–47

Geöffnet täglich außer montags
von 8.00–15.00 Uhr

Nach der Befreiung des Konzentrationslagers am 23./24. Juli 1944 durch sowjetische Truppen wurde in den Baracken kurzzeitig ein NKWD-Lager für polnische Soldaten der Heimatarmee AK eingerichtet. Im November 1944 wurde in Majdanek die erste Gedenkstätte in einem ehemaligen Konzentrationslager gegründet, zu einem Zeitpunkt, an dem die meisten Konzentrationslager noch nicht befreit waren. Drei Jahre später verabschiedete das polnische Parlament im Juli 1947 ein Gesetz, das die Aufgaben der Gedenkstätte definierte: «Das Gelände des ehemaligen hitlerfaschistischen Konzentrationslagers Majdanek bleibt für alle Zeiten als Denkmal des Martyriums des polnischen Volkes und anderer Nationen erhalten.» Das Museum in Majdanek ist, wie die Museen in Oswiecim und Sztutowo, dem polnischen Ministerium für Kultur und Kunst unterstellt und wird von ihm finanziert. Die Gedenkstätte umfaßt 90 Hektar, etwa ein Drittel des ehemaligen Lagergeländes. In Majdanek sind ein Abschnitt des Häftlingslagers mit sämtlichen Baracken, Wachtürmen, Wachstuben, Umzäunungen, ein Teil der Wirtschaftsbaracken sowie die Lagerkommandantur, die Gaskammern und das Krematorium erhalten. 1968 wurden in Majdanek «ein monumentales Mahnmal des Kampfes und des Martyriums sowie das Mausoleum aufgestellt, die die Leiden und Heldentaten der Häftlinge des Lubliner Konzentrationslagers verewigen» (Dziadosz 1988). Die Denkmalsanlage wurde von Viktor Tolkin entworfen.

Das Konzentrationslager Majdanek bestand von Oktober 1941 bis Juli 1944. In dieser Zeit waren annähernd 500 000 Menschen gefangen, von denen infolge der Lebensbedingungen und bei Erschießungen und Vergasungen etwa 70 Prozent getötet wurden.

Dziadosz, Edward: *Das Staatliche Museum Majdanek*, in: Wulff E. Brebeck u. a.: *Zur Arbeit in Gedenkstätten für die Opfer des Nationalsozialismus – ein internationaler Überblick*. Berlin 1988, S. 85–97
Marszalek, Josef: *Majdanek – Geschichte und Wirklichkeit des Vernichtungslagers*. Reinbek 1982

Muzeum Stutthof w Sztutowie

PL-82-110 Sztutowo
Tel.: Sztutowo 353 und 359

1. 5.–30. 9. 8.00–18.00 Uhr
1.10.–30. 4. 8.00–15.00 Uhr

1962 eröffnete der Bezirksrat von Gdansk das Museum Stutthof. Seit April 1966 ist das Museum Stutthof dem Ministerium für Kultur und Kunst unterstellt und gehört damit zur Kategorie der polnischen Zentralmuseen. 1968 wurde das zentrale, von Viktor Tolkin entworfene Denkmal eingeweiht. Im gleichen Jahr erhielt Stutthof das Grunwald-Kreuz 2. Klasse, einen hohen polnischen Orden, der postum an alle NS-Opfer verliehen wurde. Bei der Einweihung des Museums waren nur noch vier Baracken erhalten, die in den achtiger Jahren konserviert wurden. Dort ist eine Ausstellung zur Geschichte des Lagers untergebracht.

Bereits Mitte August 1939 wurde mit den Vorbereitungen für die Errichtung des Konzentrationslagers begonnen. Die ersten Häftlinge wurden am 2. September 1939, einen Tag nach dem Überfall auf Polen, nach Stutthof gebracht. Es wurde als letztes Konzentrationslager am 9. Mai 1945 befreit. In diesen fünf Jahren wurden mehr als 65 000 Menschen in Stutthof ermordet.

Benter, Edmund: *Die Gedenkstätte Stutthoff in Sztutowo*, in: Wulff E. Brebeck u. a.: *Zur Arbeit in Gedenkstätten für die Opfer des Nationalsozialismus – ein internationaler Überblick*. Berlin 1988, S. 98–102
Przewodnik po upamietnionych miejscach walk i meczenstwa lata wojny 1939–1945, Warschau 1988, S. 186 f

Panstwowe Muzeum Groß-Rosen I Pomnik-Mauzoleum

Skr.Pocz. 217
PL-58-300 Walbrzych
Tel.: 0048/7

1. 5.–30. 9. 8.00–18.00 Uhr
1. 10.–30. 4. 8.00–15.00 Uhr

In Rogoznica, in der Gemeinde Strzegom, in der Wojewodschaft Walbrzych befindet sich das «Staatliche Museum Groß-Rosen und Denkmal-Mausoleum». Auf dem Gelände des ehemaligen Konzentrationslagers sind im Vergleich zu anderen Anlagen noch viele historische Überreste erhalten. Im ehemaligen Kasino der SS wird eine Dauerausstellung zur Geschichte des Lagers gezeigt. In einem Denkmal-Mausoleum, das u. a. von den Künstlern Adam Procki und Stanislaw Dawski gestaltet wurde, wird Asche der ermordeten Häftlinge aufbewahrt.

Das Konzentrationslager Groß-Rosen, 1940 als Außenlager von Sachsenhausen errichtet, wurde im Mai 1941 selbständiges Konzentrationslager. Bei der Befreiung des Lagers im Februar 1945 waren etwa 30000 Häftlinge im Lager, viele von ihnen waren aus anderen KZ nach Groß-Rosen gebracht worden. In diesem Konzentrationslager wurden etwa 40000 Menschen ermordet.

Przewodnik po upamietnionych miejscach walk i meczenstwa lata wojny 1939–1945, Warschau 1988, S. 776

Denkmalsanlage im ehemaligen Vernichtungslager Treblinka

PL-Kosów Łacki

Offene Anlage

In Treblinka, in der Gemeinde Kosów Łacki im Norden der Wojewodschaft Siedlce, nordöstlich von Warschau, steht seit 1964 am Ort des ehemaligen Vernichtungslagers eine von Franciszek Duszenko und Adam Haupt gestaltete Denkmalsanlage.

Im Vernichtungslager Treblinka wurden hauptsächlich zwischen Juli 1942 und Oktober 1943 mehr als 750000 Juden ermordet, die aus den Distrikten Warschau, Radom, Bialystok, Lublin, aus Makedonien-Thrakien, dem Deutschen Reich und aus Theresienstadt stammten. In Treblinka wurden weiterhin Zehntausende von Sinti und Roma vergast. Das Vernichtungslager Treblinka wurde im Herbst 1943 geräumt, das Gelände zerstört, mit der Absicht, keine Spuren zu hinterlassen. Dort wurde ein Gut gebaut und von einem Ukrainer gegen Bezahlung bewirtschaftet.

Hilberg, Raul: *Die Vernichtung der europäischen Juden*, Frankfurt 1990, S. 956, 1047
Przewodnik po upamietnionych miejscach walk i meczenstwa lata wojny 1939–1945, Warschau 1988, S. 646

Denkmalsanlage im ehemaligen Vernichtungslager Sobibor

PL-Wlodawa

Offene Anlage

In Sobibor, in der Gemeinde Wlodawa, in der Wojewodschaft Chelm, nordöstlich von Lublin steht seit Anfang der sechziger Jahre am Ort des ehemaligen Vernichtungslagers ein Denkmal von Mieczyslaw Welter.

Das Vernichtungslager Sobibor wurde im März und April 1942 errichtet. Dort wurden vor allem zwischen April bis Juni 1942 und Oktober 1942 bis Oktober 1943 ca. 200 000 Juden aus den Niederlanden, der Slowakei, Frankreich, Wilna, Minsk, Lublin und dem Deutschen Reich ermordet. Im Herbst 1943 wurde das Lager zerstört.

Hilberg, Raul: *Die Vernichtung der europäischen Juden*, Frankfurt 1990, S. 938f, 956
Przewodnik po upamietnionych miejscach walk i meczenstwa lata wojny 1939–1945, Warschau 1988, S. 143

Denkmalsanlage im ehemaligen Vernichtungslager Belzec
PL-Tomszów Lubelski

Offene Anlage

In Belzec, in der Gemeinde Tomaszów Lubelski im Süden der Wojewodschaft Zamoscz, im Südosten Polens steht seit 1964 ein Denkmal von Roman Dylewski auf dem Gelände des ehemaligen Vernichtungslagers.

Das Vernichtungslager Belzec wurde ab November 1941 errichtet. Dort wurden vor allem zwischen März und Dezember 1942 mehr als 550 000 Juden ermordet, die vorwiegend aus Galizien und den Distrikten Krakau und Lublin stammten.

In Belzec wurden nach der Räumung des Lagers Kiefern gepflanzt. Ein polnischer Ermittler fand das Gelände nach Kriegsende durchwühlt vor, da die ortsansässige Bevölkerung nach Wertsachen gegraben hatte.

Hilberg, Raul: *Die Vernichtung der europäischen Juden*, Frankfurt 1990, S. 938, 956, 1047, *Przewodnik po upamietnionych miejscach walk i meczenstwa lata wojny 1939–1945*, Warschau 1988, S. 824

Denkmalsanlage im ehemaligen Vernichtungslager Kulmhof

PL-Dabie

Offene Anlage

In Chelmno nad Nerem, in der Gemeinde Dabie im Osten der Wojewodschaft Konin, nordwestlich von Lodz steht seit 1964 im ehemaligen Vernichtungslager ein Denkmal von Jerzy Buszkiewicz, Józef Stasinski und Benedykt Kasznia. Ein kleines Museum vermittelt einige Informationen.

In Kulmhof wurden hauptsächlich in der Zeit von Dezember 1941 bis September 1942 und im Juni und Juli 1944 mehr als 150 000 Juden vorwiegend aus dem sogenannten Warthegau und dem Deutschen Reich ermordet, die in das Ghetto nach Lodz deportiert worden waren. Außerdem wurden Zehntausende Sinti und Roma umgebracht. Das Sonderkommando stellte seine Tätigkeit im März 1943 ein. Im Juni und Juli 1944 wurden noch einmal Menschen in Kulmhof ermordet, bevor das Lager im Januar 1945 endgültig liquidiert wurde. Das jüdische Leichenbeseitigungskommando wurde erschossen, die Gebäude in Brand gesteckt.

Hilberg, Raul: *Die Vernichtung der europäischen Juden*, Frankfurt 1990, S. 956, 1047
Przewodnik po upamietnionych miejscach walk i meczenstwa lata wojny 1939–1945, Warschau 1988, S. 336

Památnik Terezin

ČR-41155 Terezin/Okr. Litomerice
Tel.: 92225 oder 92442

Kleine Festung – Ghetto-Museum:
1. 5.–30. 9. 8.00–18.30 Uhr
1. 10.–30. 4. 8.00–16.30 Uhr

In der 1947 gegründeten Gedenkstätte Terezin lag der Schwerpunkt auf der Geschichte des Gestapogefängnisses und der dort inhaftierten kommunistischen Häftlinge. Bereits in den sechziger Jahren existierten Pläne, in einem Ghetto-Museum die Geschichte des Konzentrationslagers für Juden darzustellen. Das gewaltsame Ende des Prager Frühlings machte diese Pläne zunichte. An seiner Stelle wurde zu Beginn der siebziger Jahre ein «Museum der nationalen Sicherheit und der revolutionären Traditionen Nordböhmens» errichtet, in dem wiederum der kommunistische Widerstand einseitig hervorgehoben wurde. Erinnerungen an das ehemalige Ghetto waren kaum zu finden. Die politischen Veränderungen in der Tschechoslowakei von 1989 führten zur Schließung des Museums für nationale Sicherheit und zur Eröffnung des Ghetto-Museums am 17. Oktober 1991, anläßlich des 50. Jahrestages der Errichtung des Ghettos. Diese Ausstellung, die auch die bisher verheimlichten oder verfälschten Aspekte zeigt, soll in den nächsten Jahren erweitert werden.

In der Ende des 18. Jahrhunderts erbauten Festung Theresienstadt richteten die Nationalsozialisten 1940 in der Kleinen Festung ein Gestapo-Gefängnis ein. Im November 1941 wurde mit dem Aufbau des von den Nationalsozialisten «Ghetto Theresienstadt» genannten Konzentrationslagers begonnen. Dazu wurden die Kasernen in der Großen Festung umgebaut. Seit Anfang 1942 kamen Transporte von Juden aus Böhmen und Mähren nach Theresienstadt, so daß die Zahl der Inhaftierten schnell anstieg. Die Gemeinde Theresienstadt wurde im Februar 1942 aufgelöst, und die Bewohner mußten bis zum Juni die Stadt verlassen. Bei der Wannseekonferenz am 20. Januar 1942 wurde beschlossen, Theresienstadt zu einem «Ghetto der Alten» zu erklären. Juden über 65 Jahre, Prominenten, Kriegsbeschädigten des Ersten Weltkrieges und Trägern von Auszeichnungen wurde versprochen, in Theresienstadt bleiben zu können. Seit der zweiten Hälfte des Jahres 1942 kamen Transporte von Juden aus dem Deutschen Reich und allen besetzten Staaten nach Theresienstadt, insgesamt mehr als 150 000 Häftlinge. Seit Oktober 1942 führten alle Transporte, die Theresienstadt verließen, nach Auschwitz-Birkenau. In der Zeit von 1942 bis 1944 wurden in 63 Transporten fast 87 000 Menschen in die Vernichtungslager deportiert, 33 000 Menschen starben in Theresienstadt aufgrund katastrophaler Verhältnisse. Bei der Befreiung lebten noch 16 000 Menschen, von denen viele mit Evakuierungstransporten aus anderen Konzentrationslagern nach Theresienstadt kamen.

Blodig, Voitech: *Theresienstadt – gestern und heute*, in: *Gedenkstätten im Wandel. Hrsg. Aktion Sühnezeichen / Friedensdienste*. Berlin 1991, S. 23
Chládkova, Ludmilla: *Ghetto Theresienstadt*. Praha 1991

Öffentliches Denkmal und Museum Mauthausen

Marbach 38
A-4310 Mauthausen
Tel.: 0043/72/3822690

Geöffnet täglich vom

1. 2.–31. 3.	8.00–16.00 Uhr
1. 4.–30. 9.	8.00–18.00 Uhr
1.10.–15.12.	8.00–16.00 Uhr
16.12.–31. 1.	Wintersperre

Das «Öffentliche Denkmal und Museum Mauthausen» – so der offizielle Titel – ist ein Museum, das einen Geländeteil des ehemaligen Konzentrationslagers Mauthausen in Niederösterreich umfaßt. Das Museum ist ein Amt des österreichischen Bundesministeriums für Inneres, das auch die Finanzierung garantiert. Vom Herbst 1945 bis zum Mai 1946 waren in den Baracken Soldaten der Sowjetarmee untergebracht. 1947 übergaben die Sowjettruppen in Österreich das Lager an die Republik Österreich mit der Auflage, das Gelände als Gedenkstätte zu erhalten. Im Mai 1949 wurde auf dem Appellplatz ein Sarkophag mit der Inschrift «mortuorum sorte discant viventes» (Aus der Toten Geschick mögen die Lebenden lernen) aufgestellt. Nach und nach errichteten außerhalb des eigentlichen Lagers einzelne Staaten Denkmale, so daß heute 19 Denkmale auf engem Raum beieinander stehen.

Gegenstand des Museums sind die Ereignisse zwischen dem 20.8.1938, dem Gründungstag des Lagers, und dem 7.5.1945, dem Befreiungstag der noch lebenden Häftlinge durch die US-Truppen. Zu dem Museum gehören heute die gesamten Umfassungsmauern, der Steinbruch «Wiener Graben» mit der «Todesstiege», die Anmarschwege der Häftlinge zu den Arbeitsstellen und das Stabsgebäude der SS außerhalb des eigentlichen Lagers. Im inneren Lager sind noch drei Häftlingsbaracken mit den Wirtschaftsgebäuden der Wäscherei, dem Häftlingsbad, dem Küchengebäude sowie der Lagerarrest- und der Häftlingskrankenbau erhalten. Außerdem existieren noch die unterirdische Anlage der zwei Krematoriumsöfen, eine Gaskammer, Sezierraum, Leichenkeller und Exekutionsraum. Zweiundzwanzig Häftlingsbaracken und einige Werkstätten fehlen, da sie vor 1968 durch mangelhafte Konservierung nicht erhalten wurden (vgl. Hacker).

Hacker, Kurt: *Gedenkstätte in Österreich – Mahnstätte Mauthausen*, in: Wulff E. Brebeck u. a.: *Zur Arbeit in Gedenkstätten für die Opfer des Nationalsozialismus – ein internationaler Überblick*. Berlin 1988, S. 59–70
Marsalek, Hans: *Die Geschichte des Konzentrationslagers Mauthausen*. Wien o. J.

Gedenkstätte Ravensbrück

Straße der Nationen 1
D-O-1432 Fürstenberg / Havel
Tel.: 03 30 93 / 20 25

Geöffnet täglich außer montags
8.00–17.00 Uhr

Die 1959 eingeweihte «Nationale Mahn- und Gedenkstätte» Ravensbrück, deren Museum Ende der siebziger und Anfang der achtziger Jahre ausgebaut wurde, umfaßt das Lagermuseum im ehemaligen Kommandanturgebäude, die Lagermauer zum Schwedtsee, das ehemalige Krematorium mit den Verbrennungsöfen, dem Erschießungsgang sowie dem als «Zellenbau» bezeichneten Lagergefängnis. Am Seeufer entlang zieht sich auf einem Steinplateau die von Will Lammert konzipierte und von Fritz Cremer vollendete, hoch aufgesockelte Plastik «Die Tragende». Das 1984 neueröffnete Lagermuseum «entspricht dem in der früheren DDR Üblichen: Der Nationalsozialismus wird als Faschismus, der Faschismus als Ausdruck des ‹spätkapitalistischen Imperialismus› gedeutet. Die Darstellung von Widerstand und Verfolgung nach 1933 insgesamt und im KZ Ravensbrück im besonderen stellt nahezu ausschließlich auf deutsche Kommunisten ab… Zum Abschluß wird die antifaschistische Legitimation der DDR der ‹imperialistischen› Bundesrepublik entgegengesetzt. Teile dieser Ausstellung wurden 1990 / 91 geschlossen». (Empfehlungen der Expertenkommission, Berlin 1992, S. 245.) Die Konzeption der Gedenkstätte wird zur Zeit überarbeitet.

Das Konzentrationslager Ravensbrück bestand von Anfang Mai

1933 bis Ende April 1945. Ravensbrück war das einzige nur für Frauen bestimmte Konzentrationslager in Deutschland. 1941 wurde ein kleines Männer-KZ angegliedert. Schätzungsweise waren 132000 weibliche Häftlinge im KZ Ravensbrück und in den mehr als 70 Außenlagern und -kommandos inhaftiert; hinzu kamen zwischen 20000 und 40000 männliche Häftlinge. Die Zahl der Ermordeten wird zwischen 50000 und 92000 geschätzt.

Litschke, Egon: *NMG Ravensbrück. Museum.* Fürstenberg 1989
Ministerium für Wissenschaft, Forschung und Kultur des Landes Brandenburg (Hg.): *Brandenburgische Gedenkstätten für die Verfolgten des NS-Regimes. Perspektiven, Kontroversen und internationale Vergleiche.* Beiträge des internationalen Gedenkstätten-Colloquiums in Potsdam am 8./9.3.1992 und Empfehlungen der Expertenkommission zur Neukonzeption der brandenburgischen Gedenkstätten vom Januar 1992. Berlin 1992

Gedenkstätte Sachsenhausen

Straße der Nationen 22
D-O-1400 Oranienburg
Tel.: 03301/3516

Geöffnet täglich außer montags
1. 4.–30. 9. 8.00–18.00 Uhr
1.10.–31.3. 8.00–16.00 Uhr

Das Museum im ehemaligen Konzentrationslager Sachsenhausen wurde als «Nationale Mahn- und Gedenkstätte» 1961 eröffnet. «Historische Überreste und Spuren, Rekonstruktionen und künstlerische Gestaltungen sind in Sachsenhausen eng verwoben» (Empfehlungen der Expertenkommission, Berlin 1992, S. 235). In der ehemaligen Häftlingsküche wurde das Lagermuseum eingerichtet, dessen inhaltliche Aussagen trotz einer Überarbeitung aus dem Jahre 1974 im wesentlichen vom DDR-Geschichtsbild der sechziger Jahre bestimmt ist. 1990 wurde im Gebäude der ehemaligen Häftlingswäscherei eine provisorische Ausstellung über das «Speziallager Nr. 7» eröffnet. Die Gesamtkonzeption der Gedenkstätte wird zur Zeit überarbeitet.

Das Konzentrationslager Sachsenhausen wurde 1936 errichtet und 1945 von sowjetischen und polnischen Einheiten befreit. Es diente als Ausbildungsort für Kommandanten, Lagerführer und Bewachungspersonal und hatte insoweit Bedeutung als Experimentierfeld für die Perfektionierung des KZ-Systems. Nach den vorhandenen Unterlagen waren im Laufe der Jahre mehr als 204000 Menschen inhaftiert, von denen etwa 100000 ermordet wurden.

Das Anfang Juni 1945 geräumte Lager wurde im August 1945 als «Speziallager Nr. 7» der sowjetischen Militärverwaltung in Betrieb genommen. Neben Funktionsträgern von Staat, Partei und Wehrmacht wurden zahlreiche Jugendliche, die unter «Werwolf-Verdacht» standen, und zunehmend auch Sozialdemokraten und andere inhaftiert. Sachsenhausen war das größte Speziallager in der SBZ/DDR. Die Gesamtzahl der Häftlinge betrug nach heutigen Schätzungen ca. 50 000 bis 60 000 Menschen, von denen wahrscheinlich etwa 15 000 bis 30 000 an Hunger, Krankheiten und Mißhandlungen starben.

Kühn, Rainer: *Konzentrationslager Sachsenhausen*. Berlin 1990
Klonovsky, Michael / Jan von Flocken: *Stalins Lager in Deutschland 1945–1950*. Berlin, Frankfurt / Main 1991
Ministerium für Wissenschaft, Forschung und Kultur des Landes Brandenburg (Hg.): *Brandenburgische Gedenkstätten für die Verfolgten des NS-Regimes*. Perspektiven, Kontroversen und internationale Vergleiche. Beiträge des internationalen Gedenkstätten-Colloquiums in Potsdam am 8. / 9. 3. 1992 und Empfehlungen der Expertenkommission zur Neukonzeption der brandenburgischen Gedenkstätten vom Januar 1992. Berlin 1992

Gedenkstätte Buchenwald

D-O-5301 Weimar Buchenwald
Tel.:03643/777481, 777328

Geöffnet täglich außer montags
8.45–16.30 Uhr
Letzter Einlaß 16.00 Uhr

Bereits 1949 legte man am Standort von zwei Massengräbern einen Ehrenhain an. Von 1951 bis 1958 wurde die «Nationale Mahn- und Gedenkstätte Buchenwald» mit einer monumentalen, zur Stadt Weimar ausgerichteten Denkmalsanlage installiert. 1958 wurde auch das erste Lagermuseum eröffnet, 1965 eine Bibliothek und 1971 das Buchenwald-Archiv, die Forschungsabteilung der Gedenkstätte und die Ernst-Thälmann-Gedenkstätte eingerichtet. 1985 wurde ein vergrößertes und neu konzipiertes Lagermuseum eingeweiht. 1990 wurde eine noch vor der Wende konzipierte Kunstausstellung eröffnet. Ein Holzkreuz erinnert seit 1990 an die Ermordeten des Speziallagers. 1991 wurde ein jüdischer Gedenkstein enthüllt. Zur Zeit wird an einer neuen Konzeption für die Gedenkstätte gearbeitet.

Das im Sommer 1937 entstandene Konzentrationslager Buchenwald gehörte zu den größten Lagern im Deutschen Reich. Im Lauf der Jahre mußten die Häftlinge in Buchenwald und in mehr als 136 Außenlagern und Kommandos arbeiten. 1941 wurde neben dem Konzentrationslager ein Betrieb der Deutschen Ausrüstungswerke (DAW) gegründet, in dem die Häftlinge Waffen herstellten. Das 1942/43 von politischen Häftlingen initiierte Internationale Lagerkomitee organisierte Sabotage in Rüstungsbetrieben und Hilfeleistungen für einige gefährdete Häftlinge. In Buchenwald wurde u. a. Ernst Thälmann umgebracht, Rudolf Breitscheid kam während eines Luftangriffs ums Leben. In Buchenwald waren insgesamt mehr als 240000 Menschen inhaftiert, von denen mehr als 57000 ermordet wurden. Im April 1945 befreite die amerikanische Armee die im Lager verbliebenen Häftlinge. Amerikanische Besatzungssoldaten führten im Mai und Juni 1945 Einwohner von Weimar durch das Lager. Nach Übernahme der Besatzungshoheit durch die Sowjetunion wurde im August 1945 ähnlich wie in Sachsenhausen ein Speziallager in den vorhandenen Baracken eingerichtet. Bis zur Auflösung des Speziallagers im Jahre 1950 wurden mehr als 30 000 Menschen inhaftiert, von denen etwa 13 000 starben, 2000 in die Sowjetunion und 2000 in das Zuchthaus Waldheim gebracht wurden.

Konzentrationslager Buchenwald
Katalog zu der Ausstellung der Deutschen Demokratischen Republik im Martin-Gropius-Bau Berlin (West) 1990.

KZ Gedenkstätte Dora-Mittelbau

O-5500 Nordhausen
Tel. / Fax.: 03631 / 3636

1. 4.–30. 9. täglich
10.00–18.00 Uhr
1. 10.–31. 3. täglich
10.00–16.00 Uhr

Seit 1964 besteht im ehemaligen Konzentrationslager Dora-Mittelbau eine Gedenkstätte, in der seit den siebziger Jahren eine Dauerausstellung zu sehen ist. Träger der Gedenkstätte ist derzeit der Landkreis Nordhausen, langfristig wird eine andere Trägerschaft angestrebt. Zur Zeit wird an einer neuen Konzeption für die Gedenkstätte gearbeitet.

Nach der Bombardierung der Heeresversuchsanstalt Peenemünde wurde im August 1943 in den Bergwerksstollen bei Nordhausen in Thüringen das Konzentrationslager Mittelbau errichtet. Ab August 1943 wurden Häftlinge für den Ausbau des Stollensystems und die Montage einer Rüstungsfabrik eingesetzt. Neben der serienmäßigen Produktion der V1-Bombe und der V2-Rakete nutzten unter anderem die Junkers-Flugzeugwerke und das Ammoniakwerk Merseburg Teile der unterirdischen Anlagen. Im Oktober 1944 wurde Dora-Mittelbau ein selbständiges Konzentrationslager mit über 30 Außenanlagen und Kommandos. Von den mehr als 60000 Häftlingen, Zwangsarbeitern und Kriegsgefangenen starben mehr als 20000 an Hunger, Seuchen und den Folgen der Zwangsarbeit. Im April 1945 befreiten amerikanische Soldaten einige hundert nicht transportfähige Häftlinge im Krankenrevier; das Lager war bereits im März / April 1945 evakuiert worden.

Bis Ende Juni 1945 transportierte die US-Armee vorgefundene Raketenteile und Materialien in die USA. Nach dem Abzug der Amerikaner demontierte die sowjetische Armee Teile der Rüstungsbetriebe und produzierte bis Ende Oktober 1946 weitere V2-Raketen. Im Sommer 1948 wurden die Eingänge der Stollen gesprengt.

Jochen Spielmann

KZ-Gedenkstätte Neuengamme

Neuengammer Heerweg
D-2050 Hamburg 80
Tel.: 040/731031

Geöffnet täglich außer montags
10.00–17.00 Uhr

Auf einem Gelände des ehemaligen Konzentrationslagers Neuengamme wurde 1948 ein Gefängnis erbaut; 1968 der Neubau einer Jugendstrafanstalt eingeweiht, die in den nächsten Jahren geschlossen werden soll. Auf Initiative ehemaliger französischer Häftlinge errichtete die Stadt Hamburg 1953 eine einfache Säule ohne Inschrift. Erst 1965 wurde, auch auf Initiative ehemaliger Häftlinge, die sich inzwischen zur «Amicale Internationale de Neuengamme» zusammengeschlossen hatten, ein größeres Denkmal installiert. Eine hohe Stele, von einer Mauer hinterfangen, steht auf dem Gelände der ehemaligen KZ-Gärtnerei, wo die Asche der verbrannten Häftlinge verstreut wurde. Dort befindet sich auch eine Bronzeskulptur, der «Sterbende Häftling», ebenfalls ein Geschenk der Häftlingsorganisation. 1981 wurde, am Rande des eigentlichen KZ-Geländes, am Ort der ehemaligen Gärtnerei, das Dokumentenhaus eröffnet, in dem über das KZ-Neuengamme, seine Häftlinge und das System der Zwangsarbeit informiert wird. Das Dokumentenhaus ist als Außenstelle des Museums für Hamburgische Geschichte der Kulturbehörde der Hansestadt zugeordnet. 1982 wurde ein Rundweg um das KZ-Gelände angelegt, der verdeutlicht, daß noch etliche Gebäude des ehemaligen Konzentrationslagers vorhanden sind. 1984 wurden die nicht zu den Justizvollzugsanstalten gehörenden Geländeteile und Gebäude des ehemaligen Konzentrationslagers unter Denkmalschutz gestellt. Das von den Häftlingen erbaute Klinkerwerk ist teilweise restauriert worden und wird u. a. für Ausstellungen genutzt.

Die SS erwarb 1938 in Neuengamme, südöstlich von Hamburg, eine stillgelegte Ziegelei und richtete im gleichen Jahr dort ein Außenkommando des KZ Sachsenhausen mit 100 Häftlingen ein. Im Frühjahr 1940 wurde das Außenlager Neuengamme nach Abschluß der ersten Ausbauphase zum eigenständigen Konzentrationslager erklärt. Die Häftlinge wurden zur Zwangsarbeit eingesetzt beim Aufbau des Lagers, beim Bau eines neuen Klinkerwerkes, beim Tonabbau in den nahe gelegenen Tongruben, bei der Klinkerproduktion, bei der Begradigung eines Seitenarms der Elbe sowie beim Bau eines Stichkanals, bei Aufräumarbeiten nach Bombenangriffen und bei Bauarbeiten. Seit 1942 wurden die Häftlinge mehr und mehr in der Rüstungsproduktion eingesetzt, die Klinkerproduktion trat in den Hintergrund. 1942/43 entstanden die ersten Außenlager von Neuengamme in unmittelbarer Nähe der Orte und Betriebe, in denen die Häftlinge zur Arbeit eingesetzt wurden. 1944 gab es mehr als 70 Außenlager von Neuengamme in Norddeutschland. Insgesamt wurden in Neuengamme und den Außenkommandos des Lagers zwischen 1938 und 1945 etwa 55000 Menschen ermordet.

Eiber, Ludwig: *KZ-Gedenkstätte Neuengamme – Dokumentenhaus*, in: Wulff E. Brebeck u. a.: *Zur Arbeit in Gedenkstätten für die Opfer des Nationalsozialismus – ein internationaler Überblick*. Berlin 1988, S. 196–207
Bringmann, F./H. Roder: *Neuengamme – Verdrängt, Vergessen, Bewältigt*. Hamburg 1987

Gedenkstätte Belsen

Lohheide
D-3103 Bergen 1
Tel.: 05051/6011

Geöffnet täglich 9.00–18.00 Uhr

Die Gedenkstätte Belsen ist von einem Militärübungsplatz umgeben. Noch 1945 wurde ein jüdisches Denkmal aufgestellt. Auf Anordnung der britischen Militärregierung errichteten deutsche Kriegsgefangene 1946 einen Obelisken und eine Inschriftenmauer. Die zentrale Inschrift ist lateinisch, weitere sind dänisch, polnisch, belgisch, holländisch, tschechisch, deutsch, jiddisch, hebräisch, englisch, französisch, norwegisch, italienisch, ungarisch und russisch. 1982 wurde eine Inschrift in Erinnerung an die dort ermordeten Sinti hinzugefügt. Auf dem Gelände der Gedenkstätte befinden sich 14 Massengräber. Dort wurde 1966 ein Dokumentenhaus mit einer kleinen ständigen Ausstellung eingerichtet. Auf Beschluß des niedersächsischen Landtages von 1985 wurde die Gedenkstätte neugestaltet und 1990 ein neues Dokumentenhaus eingeweiht.

1940 bauten belgische und französische Kriegsgefangene auf dem damaligen Wehrmachtsgelände ein Lager, in dem 1941 sowjetische Kriegsgefangene untergebracht wurden. 1941 und 1942 starben mehr als 50000 von ihnen an Hunger, Erschöpfung und Epidemien. Sie wurden in der Nähe begraben. Der nach 1945 angelegte Friedhof erhielt 1969 als Kriegsgräberstätte Hörsten/Bergen seine heutige Gestaltung. Seit 1990 ist der Friedhof mit der Gedenkstätte durch einen Weg verbunden. Aus dem Häftlingslager für «Austauschjuden» und vorwiegend sowjetische und polnische Häftlinge wurde ein Aufnahmelager für Häftlinge aus anderen Konzentrationslagern, die nicht mehr zur Zwangsarbeit fähig waren. Sie starben aufgrund der fürchterlichen Zustände im Lager oder wurden ermordet. Im Sommer 1944 wurde das Frauenlager errichtet. Jüdische Frauen aus den Arbeitslagern und Ghettos des Ostens wurden hierher gebracht. Etwa 15000 Häftlinge, davon ca. 8000 Frauen, befanden sich im Dezember 1944 in Bergen-Belsen. Seit 1944 wurden Zehntausende jüdischer und nichtjüdischer Häftlinge aus frontnahen KZ hierher «evakuiert». Bei den Transporten und Fußmärschen starben viele von ihnen oder wurden erschossen. Die katastrophalen Zustände im Lager führten innerhalb weniger Monate zu Zehntausenden von Toten. Zwischen Anfang Januar und Mitte April 1945 sind hier etwa 35000 Menschen umgekommen. Bei der Übergabe an die Briten waren etwa 60000 Menschen im Lager. Trotz Rettungsmaßnahmen starben noch weitere 14000 Menschen.

Kolb, Eberhard: *Bergen-Belsen – Vom «Aufenthaltslager» zum Konzentrationslager 1943–1945*. Göttingen 1986

Verband deutscher Sinti und Gesellschaft für bedrohte Völker e. V. (Hg.): *Sinti und Roma im ehemaligen KZ Bergen-Belsen am 27. Oktober 1979. Erste deutsche und europäische Kundgebung «In Auschwitz vergast – bis heute verfolgt»*. Dokumentation. Göttingen 1980

KZ-Gedenkstätte Dachau

Museum – Archiv – Bibliothek
Alte Römerstraße 75
D-8060 Dachau-Ost
Tel.:08131 / 1741 oder 1742

Museum:
täglich außer montags
9.00–17.00 Uhr
Archiv und Bibliothek:
dienstags bis freitags
9.00–12.00 Uhr
13.00–17.00 Uhr

Nach der Befreiung des Lagers durch die amerikanische Armee im April 1945 richtete die Militärregierung hier ein Internierungslager für Angehörige der SS und Funktionäre der NSDAP ein. Ab Herbst 1948 wurde das Lager zu einer Flüchtlingswohnsiedlung umgebaut. Den ehemaligen Häftlingen gelang es in kleinen Schritten, die Errichtung einer Gedenkstätte durchzusetzen. Das Flüchtlingslager wurde abgerissen, zwei Baracken rekonstruiert und die Grundrisse der weiteren Baracken nachgezeichnet. Die Eröffnung des Museums im ehemaligen Wirtschaftsgebäude im Mai 1965 markiert den Höhepunkt dieser Bemühungen. 1968 konnte ein internationales Mahnmal auf dem Appellplatz eingeweiht werden, nachdem bereits in den sechziger Jahren eine katholische, eine jüdische und eine evangelische Gebetsstätte eingerichtet wurde. Seit der Einweihung des Museums haben mehr als 11 Millionen Menschen die Gedenkstätte aufgesucht. Zwischen 1965 und 1975 kamen bis zu 75 Prozent der jährlich etwa 300000 Besucher aus dem Ausland. Erst seit Mitte der siebziger Jahre kommen mehr und mehr Besucher auch aus der Bundesrepublik, darunter viele Schulklassen. Mit über 900000 Besuchern im Jahr 1983 etwa ist die Gedenkstätte eines der Museen mit den meisten Besuchern in der Bundesrepublik Deutschland. 1984 wurde die Gedenkstätte in eine Liste von Einrichtungen der UNESCO aufgenommen, die «im Kriegsfall als wichtige Kulturgüter unter besonderen Schutz zu stellen sind». Im ehemaligen Wirtschaftsgebäude ist eine Ausstellung über das Lager zu sehen.

In Dachau wurde bereits im März 1933 auf dem Gelände einer Munitionsfabrik eines der ersten Konzentrationslager in Deutschland eingerichtet. Es sollte in erster Linie der Ausschaltung politischer Gegner dienen. Während des Krieges waren in Dachau Gefangene aus 27 Ländern inhaftiert. Insgesamt wurden zwischen 1933 und 1945 mehr als 200 000 Häftlinge registriert; mehr als 30 000 Häftlinge starben.

Distel, Barbara: *Entstehung und Funktion der KZ-Gedenkstätte Dachau*, in: Wulff E. Brebeck u. a.: *Zur Arbeit in Gedenkstätten für die Opfer des Nationalsozialismus – ein internationaler Überblick*. Berlin 1988, S. 159–177
Marcuse, Harold: *Das ehemalige Konzentrationslager Dachau. Der mühevolle Weg zur Gedenkstätte 1945–1968*, in: W. Benz; B. Distel: *Erinnern oder Verschweigen – Das schwierige Thema Nationalsozialismus*. Dachauer Hefte. Heft 6. Dachau 1990, S. 182–205

KZ-Grab- und Gedenkstätte Flossenbürg

Gemeindeverwaltung Flossenbürg
Rathaus
8481 Flossenbürg
Tel.: 09603/1081

April–September, täglich 8.00–18.00 Uhr
Oktober–März, täglich 9.00–17.00 Uhr

Nur noch wenige Überreste sind von dem früheren Konzentrationslager Flossenbürg in der Oberpfalz in Bayern erhalten. 1955 wurden die Baracken des Lagers abgerissen, an deren Stelle Siedlungshäuser für Flüchtlinge errichtet. Die heutige KZ-Grab- und Gedenkstätte umfaßt nur Teile des ehemaligen Lagergeländes. Eine kleine Dokumentationsausstellung ist in einer Baracke zu sehen. Eine Informationsbroschüre kann aus einem Automaten gezogen werden. Wie auch die Gedenkstätte Dachau wird auch die «KZ-Grab- und Gedenkstätte Flossenbürg» von der «Bayerischen Verwaltung der Staatlichen Schlösser, Gärten und Seen» verwaltet. Auf dem Gelände des ehemaligen Lagers wurde 1957 ein Ehrenfriedhof angelegt, auf dem 5000 Tote bestattet sind. Den Ort der Exekutionen kennzeichnet ein in den Rasen eingelassener roter Winkel. Aus den Steinen abgerissener Wachtürme wurde zwischen 1946 und 1948 eine Sühnekapelle gebaut. Für die Auseinandersetzung mit der Geschichte des Lagers setzt sich seit 1985 eine Arbeitsgemeinschaft mit Sitz in Regensburg ein.

Das Konzentrationslager Flossenbürg existierte von Ende April/Anfang Mai 1938 bis zum April 1945. Die Häftlinge mußten im nahe gelegenen Steinbruch arbeiten, den eine SS-eigene Bausteinfirma betrieb. Im Rahmen der Ausweitung der Kriegsproduktion wurden ab 1942 bis zu 92 Außenlager von Flossenbürg errichtet. Im Verlauf des Krieges kamen außer polnischen und sowjetischen Häftlingen u. a. auch französische, belgische und tschechische und ab Herbst 1944 mindestens 10 000 jüdische Häftlinge aus osteuropäischen Lagern nach Flossenbürg. Im Konzentrationslager Flossenbürg und seinen Außenlagern waren insgesamt mehr als 100 000 Menschen inhaftiert, von denen mindestens 30 000 ermordet wurden.

Eichmann, Bernd: *Flossenbürg: Das Tal des Todes*, in: Ders., *Versteinert, verharmlost, vergessen. KZ-Gedenkstätten in der Bundesrepublik Deutschland*. Frankfurt / Main 1986, S. 149–156

Dokumentations- und Informationszentrum Emslandlager

Wiek rechts 22, Postfach 1511
D-2990 Papenburg
Tel.: 04961/4971

Mo.–Fr	8.00–13.00 Uhr
Di. –Do.	8.00–17.00 Uhr
So.	14.00–18.00 Uhr

Das «Dokumentations- und Informationszentrum Emslandlager» (DIZ) erhält zur Zeit einen Neubau, der im Herbst 1993 mit einer neuen Dauerausstellung eröffnet wird. Nach 1945 wurden einzelne Lager als Flüchtlingslager verwendet, bevor sie abgerissen und ihre Flächen heute u. a. als Ackerland bestellt werden. Andere Gelände dienen heute als Justizvollzugsanstalt und als Bundeswehrdepot. Die überlebenden Häftlinge setzten sich bereits 1956 bei einer ersten Kundgebung für ein würdiges Gedenken ein. Eine 1979 vom niedersächsischen Innenminister erteilte Zusage, «auf dem Lagerfriedhof eine zentrale Gedenkstätte mit umfassenden Informationen über die einstigen Konzentrations- und Arbeitslager im Emsland einzurichten», wurde 1980 relativiert bzw. zurückgezogen (Buck). Studenten und Wissenschaftler der Universität Oldenburg und der Papenburger Arbeitskreis gründeten daraufhin 1981 das Dokumentations- und Informationszentrum Emslandlager. 1985 konnte der Verein DIZ in Papenburg eine erste Dauerausstellung zur Geschichte der Emslandlager eröffnen.

Zwischen 1933 und 1945 errichteten die Nationalsozialisten entlang der Ems und nahe der niederländischen Grenze zwischen Papenburg und Lingen insgesamt 15 Gefangenenlager. Diese Lager erfüllten wechselnd Funktionen als Konzentrations-, Strafgefangenen- und Militärstraf- und Kriegsgefangenenlager. Dort wurden mehr als 2500 Menschen ermordet, in den Kriegsgefangenenlagern mehr als 15000, überwiegend sowjetische Gefangene.

Kosthorst, E. / B. Walter: *Konzentrations- und Strafgefangenenlager im Emsland 1933–1945. Zum Verhältnis von NS-Regime und Justiz*. Düsseldorf 1985

Suhr, E. / W. Bold: *Lager im Emsland 1933–1945. Geschichte und Gedenken*. Oldenburg 1985

Buck, Kurt: *Das Dokumentations- und Informationszentrum Emslandlager (DIZ) in Papenburg*, in: Wulff E. Brebeck u. a.: *Zur Arbeit in Gedenkstätten für die Opfer des Nationalsozialismus – ein internationaler Überblick*. Berlin 1988, S. 178–185

Herinneringscentrum Kamp Westerbork

Postbus 5
NL-9414 ZG Hooghalen
Oosthalen 8
Tel.: 0031/05939-2600
Fax: 0031/05939-2546

Vom 1. April bis 31. Oktober
montags–freitags 9.30–17.00 Uhr
samstags u. sonntags
13.00–17.00 Uhr
zwischen dem 1. November und
dem 31. März nach Vereinbarung

Nach der Befreiung wurde das Gelände des ehemaligen Konzentrationslagers Westerbork zu einem Straflager für politische Gefangene. Von 1951 bis 1971 wohnten hier Süd-Molukker. Im Jahre 1983 wurde das «Herinneringscentrum Kamp Westerbork» in Hooghalen bei Assen, in der nördlichen niederländischen Provinz Drenthe, eröffnet. Es umfaßt u. a. eine Dauerausstellung zur Geschichte des Lagers, die teilweise eine Kopie der Ausstellung darstellt, die die niederländische Regierung im Museum in Oswiecim errichtete. In einem Dokumentationszentrum sind u. a. Bücher, Dokumente, Fotos und Videos zusammengetragen worden. Hier werden auch die Gedenkbücher der «Kriegsgräberstiftung» aufbewahrt, in denen 140000 Niederländer eingetragen sind, die kein eigenes Grab besitzen. Das Zentrum veranstaltet Wechselausstellungen, Lesungen, Filmvorführungen und Führungen durch das Gelände. Auf dem ehemaligen Lagergelände befindet sich ein von Ralph Prinz entworfenes Denkmal.

1939 errichtete der niederländische Staat das Lager Westerbork für exilierte Juden aus Deutschland. Beim deutschen Überfall auf die Niederlande im Mai 1940 lebten hier mehrere hundert Menschen, die nicht mehr weiter fliehen konnten. 1942 wurde Westerbork «Durchgangslager». Bis 1945 wurden hier mehr als 100000 niederländische Juden gefangengehalten und von hier aus in die Vernichtungslager transportiert. Westerbork wurde auch «Lager der falschen Hoffnung» genannt: Viele Gefangene, die vorher in den Konzentrationslagern Amersfoort und Vught mißhandelt wurden, erhielten in Westerbork eine medizinische Behandlung, bevor sie in die Vernichtungslager weitertransportiert wurden.

Vries, Winfried de: *Herinneringscentrum Kamp Westerbork – Erinnern im ehemaligen Kamp Westerbork*, in: Wulff E. Brebeck u. a.: *Zur Arbeit in Gedenkstätten für die Opfer des Nationalsozialismus – ein internationaler Überblick*. Berlin 1988, S. 50–57

Nationaal Monument Kamp Vught

Lunettenlaan 600
Postbus 47
NL-5260 AA Vught
Tel.: 0031 / 73-566764 (vom 1. 4.–31. 10. d. J.)
Tel.: 0031 / 73-579001
(vom 1.11.–31.3. d.J.)

1. April–31. Oktober
Di.–So. 10.00–17.00 Uhr
Mo. 13.00–17.00 Uhr
Vom 1. November–31. März ist eine Besichtigung für Gruppen mit mindestens 10 Personen nach Voranmeldung möglich

In Vught in der Nähe von s'Hertogenbosch in der Provinz Noord Brabant im Süden der Niederlande befindet sich das «Nationaal Monument Kamp Vught» auf dem Gelände des ehemaligen Konzentrationslagers Herzogenbusch. Das seit 1990 bestehende Erinnerungszentrum umfaßt eine in Grundzügen nachgebaute Wohnbaracke, ein Modell des Lagers, das Krematorium sowie eine Gedenkwand an dem Platze, auf dem mehrere hundert Widerstandskämpfer erschossen wurden. Die meisten Gebäude des ehemaligen Lagers werden heute als Kaserne, Gefängnis und als Wohnort für Süd-Molukker genutzt. In Wechselausstellungen werden aktuelle Themen wie z. B. der Konflikt in Jugoslawien oder Neonazismus aufgegriffen.

Der Träger der Gedenkstätte ist die Stiftung «Stichting nationaal monument Vught», die von der Provinz Noord Brabant und dem niederländischen Staat finanziert wird. Im Ort gibt es im Museum (Oudheidkamer, Öffnungszeiten: sonntags 14.00–17.00 Uhr) eine permanente Ausstellung, die dem ehemaligen Konzentrationslager gewidmet ist. Das Konzentrationslager Vught bestand in der Zeit vom 13. 1. 1943 bis zum 6. 9. 1944. In dieser Zeit waren insgesamt mehr als 31000 Menschen inhaftiert, darunter etwa 200 Franzosen, 100 Belgier und 30000 Niederländer. Für die etwa 12000 Juden war Vught Durchgangslager auf dem Weg über Westerbork in die Vernichtungslager. Vught fungierte außerdem als Schutzhaftlager, in dem Menschen unter den verschiedensten Vorwänden inhaftiert waren. Mehrere hundert Menschen fanden in Vught den Tod.

Stekelenburg, Henk van: *Kamp Vught en de Vughtenaren,* Vught 1990
Verschiedene Unterrichtsmaterialien

Natzweiler-Struthof

F-Natzwiller
Departement Bas-Rhin

1. April–31. August
8.00–12.00,
14.00–18.00 Uhr
1. September–24. Dezember
9.00–12.00 Uhr
1. März–31. März
14.00–17.00 Uhr

Das Museum des ehemaligen Konzentrationslagers Natzweiler-Struthof liegt im Elsaß auf einem Gipfel der Vogesen im Departement Bas-Rhin, etwa 50 Kilometer südwestlich von Straßburg oberhalb der Gemeinde Natzwiller. 1960 weihte Charles de Gaulle die seit 1955 geplante Gedenkstätte ein. Eine monumentale Spirale, von Lucien Fenaux gestaltet, überragt das Gelände und ist weithin sichtbar. In die Innenwand der als Flamme interpretierbaren Architektur ist die Silhouette eines sterbenden Häftlings eingelassen. Daneben befindet sich der Friedhof der Gedenkstätte. Einzelne Teile des Lagers sind erhalten, andere rekonstruiert oder neu arrangiert.

Das Konzentrationslager wurde ab Mai 1941 errichtet. Die Häftlinge mußten im oberhalb des Lagers gelegenen Steinbruch arbeiten. Der Steinbruch wurde von der «Deutschen Erd- und Steinwerke GmbH» betrieben, die der SS gehörte. In diesem Konzentrationslager, zu dem viele Außenlager vor allem in Baden und Württemberg gehörten, waren Häftlinge aus Belgien, Deutschland, Frankreich, Griechenland, Italien, Luxemburg, Norwegen, Polen, der Sowjetunion, Spanien und der Tschechoslowakei inhaftiert.

Ziegler, Jürgen: *Mitten unter uns. Natzweiler-Struthof: Spuren eines Konzentrationslagers.* Hamburg 1986

Zu den Autoren

Reinhard Matz, geboren 1952 in Bremen, studierte nach einer Fotografenlehre Philosophie, Germanistik und Medienwissenschaft in Berlin und Köln sowie künstlerische Fotografie an der Kölner Fachhochschule. Er arbeitet als freier Fotograf und für verschiedene Museen als wissenschaftlicher Mitarbeiter, hatte diverse Ausstellungen, fotografische und fototheoretische Publikationen.

Als Bücher erschienen *Unsere Landschaften* (Fotografien; mit Martin Manz, Köln 1980), *Industriefotografie – Aus Firmenarchiven des Ruhrgebiets* (Fototheorie; Essen 1987), *Silber und Salz – Zur Frühzeit der Photographie im deutschen Sprachraum 1839 – 1860* (Fotogeschichte; hrsg. mit Bodo von Dewitz, Köln und Heidelberg 1989) sowie *Räume oder Das museale Zeitalter* (Fotografien und ein Essay; Köln 1990).

Andrzej Szczypiorski, geboren 1924 in Warschau, nahm am Aufstand dieser Stadt gegen die deutsche Besatzung teil, kam ins KZ, betätigte sich nach dem Krieg als Schriftsteller und Publizist und wurde Mitglied des Vorstands des polnischen PEN-Clubs und des Schriftstellerverbandes. Im Dezember 1981 wurde er interniert und blieb bis Frühjahr 1982 in einem Lager. Seit 1989 Senator im neuen polnischen Parlament.

Auszeichnungen: Preis des polnischen PEN-Clubs 1972; Österreichischer Staatspreis für europäische Literatur 1988; Nelly-Sachs-Preis der Stadt Dortmund 1989; Kunst- und Kulturpreis der deutschen Katholiken 1990.

James E. Young, geboren 1951 in Kalifornien, Studium der Literaturwissenschaft, ist Professor für Anglistik und Judaistik an der University of Massachusetts in Amherst.

Hanno Loewy, geboren 1961 in Frankfurt am Main, Studium der Germanistik, betreut die Arbeitsstelle zur Vorbereitung des Frankfurter Lern- und Dokumentationszentrums des Holocaust, Veröffentlichungen und Ausstellungen zum Holocaust, zur Kulturgeschichte des Nationalsozialismus und der Moderne, zur Geschichte der Fotografie, zur Geschichte Palästinas und zum Konservativismus.

Jochen Spielmann, geboren 1959, studierte im Rahmen eines Doppelstudiums Kunstgeschichte, Geschichte und evangelische Theologie sowie Pädagogik, Soziologie und Psychologie. Promotion in Kunstgeschichte, Diplom in Erziehungswissenschaft. Ausbildung in der gruppenpädagogischen Methode der Themenzentrierten Interaktion (TZI). Als Kunstwissenschaftler und Erwachsenenpädagoge versucht er eine interdisziplinäre Balance mit beiden Wissenschaften und der Praxis. Zur Zeit ist er als Referent für politische und kulturelle Weiterbildung am «Pädagogischen Landesinstitut Brandenburg» tätig.

Nach zahlreichen Veröffentlichungen zum Themenfeld Denkmal gilt nun sein Interesse der Erwachsenenbildung in Brandenburg und dem «kulturellen Gedächtnis» im 20. Jahrhundert.